Lea por fa

Rosa María Martín & Martyn Ellis

Hodder & Stoughton

LONDON SYDNEY AUCKLAND TORONTO

Acknowledgments

Our thanks to the staff and students of Islington Sixth Form Centre and Morley College in London where much of this material was piloted.

The authors and publishers would like to thank the following copyright holders: Colegio de Estudios Hispánicos, Salamanca; Ediciones *Tiempo*, SA; *Rock de Lux*; *Dunia*; *Heraldo de Aragón*, *¡Hola!*; *El País*; *TV Plus*; Oficina de Turismo, Zaragoza; McDonald's; RENFE; Consejo de Turismo Comercio y Transporte, Sevilla; Seat SA; Renault; *Semana*; Ariel; Sunsilk; BASF; Enri; Ta-Tay; PAYA; Krafft; Tudor; Olivetti; El Corté Inglés; Banco Hispanico Americana; Barclays Bank; Telefónica; *El Periódico*; Mercromina; *Vitalidad*.

Efforts have been made to trace copyright holders of materials reproduced in this book, although this has not always been possible. We would be pleased to receive any information regarding copyright holders not yet contacted.

The authors and publishers would also like to thank J. Allan Cash Ltd and Barnaby's Picture Library for the photographs on page 85.

British Library Cataloguing in Publication Data
Martín, Rosa María
  Lea por favor.
  1. Spanish language. Usage
  I. Title II. Ellis, Martyn
  468

ISBN 0 340 49341 0

First published 1990

Typeset by Wearside Tradespools, Fulwell, Sunderland.
Printed in Great Britain for the educational publishing division of Hodder and Stoughton Limited, Mill Road, Dunton Green, Sevenoaks, Kent by Thomson Litho Ltd, East Kilbride.

Contents

Introduction

This book is principally designed to meet the needs of students studying for the reading and writing sections of the GCSE examination in Spanish. Each of its ten units deals with topics and vocabulary areas prescribed by the main examining boards, areas also dealt with in the companion volume, *Oiga, Por Favor: listening and speaking activities for Spanish GCSE*. These units are subdivided into self-contained sections which provide a wealth of interesting and informative authentic reading material reflecting life in modern Spain, accompanied by challenging and varied comprehension tasks and guided writing activities. The vocabulary sections are intended as a guide for students needing assistance in the comprehension of the texts and as a writing guide.

As such, the book is suitable for self study purposes.

Students studying for the Higher level of the examination are also directed to the more difficult texts and tasks as indicated by the symbol **.

The book follows a logical order (paralleled in *Oiga, Por Favor*) and we advise you to adhere to this order where possible, although there is sufficient flexibility in the material to allow modification and experimentation where appropriate.

Much of this material has been piloted both by school students at GCSE level and also by adult learners whose aim is to improve their general Spanish reading and writing skills.

Información personal

 A i

Look at these four forms.
What is each one for?
Match the description to each form.

a) An ex-pupils' association

b) A sports shop

c) A magazine

d) A language institute

2

1

COLEGIO DE ESTUDIOS HISPÁNICOS
HOJA DE INSCRIPCIÓN

2 FOTOS
2 PHOTOS

CURSOS INTERNACIONALES DE LENGUA Y CULTURA ESPAÑOLAS

Apellidos ....

Nombre ....

Nacimiento ....
                          Profesión ....

Dirección ....

Teléfono ....

Nacionalidad ....
                          Pasaporte ....

¿Idiomas que habla? ....

Rellene hoy mismo este cupón, o una fotocopia de él y envíelo con el cheque
o referencia del giro postal a:
Ediciones TIEMPO, S. A. P.º de la Castellana, 184 - 4.ª planta.
28046 MADRID. Tels. 259 68 06 - 259 68 05
Deseo suscribirme a TIEMPO por un año (52 números) al precio total de 11.700 Ptas.
y recibir como regalo, el radio-cassette AM-FM.
D. ....
Domicilio ....
Código Postal .... Población ....
Provincia .... Tel. ....
                                          Firma:

FORMA DE PAGO:
Cheque/talón a nombre de Ediciones Tiempo, S. A.
Giro Postal n.º .... de fecha ....

Esta oferta sólo es válida dentro del territorio español y dirigiéndose directamente a la propia editorial.
Los envíos se iniciarán a partir del número siguiente a la recepción de este cupón.
Precios para el extranjero (gastos de envío incluidos).
Portugal, 11.440 ptas.; Europa. 16.380 ptas.; América. Asia y Africa, 27.040 ptas.;
Oceanía 35.880 ptas

ASOCIACION DE ANTIGUOS
ALUMNOS DEL COLEGIO
MIRAFLORES

FICHA DE INSCRIPCION

Nombre: ....
Apellidos: ....
Dirección: ....
Localidad: ....
Año que dejaste el C.P. Miraflores: .... C.P.: ....
                                          Teléfono: ....
SUGERENCIAS E IDEAS DE ACTIVIDADES: ...
....
....
....
....

IMPORTANTE !! ESCRIBIR CON MAYUSCULAS Y MUY CLARO

3

♥INTER**SPORT**
MIRAFLORES

C/. Miraflores, 7 - 9
☎ 42 11 00 -;Ext. 36
50008 - ZARAGOZA

Deseo recibir información periódicamente sobre novedades y ofertas
especiales.

Apellidos .... Nombre ....
Dirección ....
Ciudad .... Código ....
Teléfono ....

Estoy interesado en:

☐ 1 Esquí Alpino	☐ 3 Camping Familiar
☐ 2 Esquí de Fondo	☐ 4 Fútbol
☐ 3 Esquí de Travesía	☐ 5 Futbito
☐ 4 Montaña y Escalada	☐ 6 Balonmano
☐ 5 Excursionismo y Campamentos	☐ 7 Voleyboll
☐ 6 Atletismo y Joging	☐ 8 Gimnasia
☐ 7 Tenis	☐ 9 Pesas
☐ 8 Ping-pong	☐ 10 Natación
☐ 9 Frontón	☐ 11 Submarinismo
	☐ 12 Otros

4

 A ii

Study the forms again. Which form(s):

1 offers a present?

2 asks for suggestions for activities?

3 asks how many languages you speak?

4 asks for money?

5 asks you to sign?

6 asks you to indicate your interests?

7   does not give you a phone number?

8   asks you to write clearly?

9   will send information?

10 asks for your date of birth?

 A   iii

Now copy the first form and complete it with your own details in Spanish.

 B   i

Look at the offer below which comes from a rock music magazine:

vocabulary A*

alumno	school student
regalo	gift, a present
idioma (*m*)	language
firma	signature
fecha de nacimiento	date of birth

* Vocabulary items ending in 'o' are masculine and those ending in 'a' are feminine unless otherwise indicated.

TODOS NUESTROS DISCOS Y CINTAS SON ORIGINALES

JUXE - BOXE
LO MEJOR A LOS MEJORES PRECIOS

En nuestro catálogo podrá encontrar este material

Gabinete Caligari • Sting (último) • Black • Pink Floyd • U2 • The Bolshoi • The Smiths • Waren Zevon • The B-52's

Todos estos elepés son los últimos

OFERTAS TODOS LOS MESES

Para recibir nuestro catálogo enviarnos el nombre, apellido, dirección completa con código postal, más **40 ptas. en sellos que serán descontados en el primer pedido.** Y enviar todo esto a: JUXE - BOXE ■ Aptdo. 257 ■ Ponferrada - 24400 León

TODOS NUESTROS DISCOS Y CINTAS SON ORIGINALES

---

1   If you write to the magazine what will they send you?

2   Do you have to send money?

vocabulary B

elepé (*m*)	long-playing record
enviar	to send
Apartado (Aptdo)	P.O. Box
recibir	receive

 B   ii

1   Write to the magazine in order to receive their offer. Follow their instructions carefully.

2   Address the envelope.

C i

You have just received three letters with accompanying photographs from people who have answered your advertisement for a penfriend. Unfortunately the letters and photos have become mixed up. Match photos and letters using the descriptions to help you.

a   b

> Soy alta y delgada. Llevo el pelo rizado con melena corta. Soy morena y el color de mis ojos es marrón oscuro.

1

c

> Yo soy de aspecto como una chica de mi edad, tengo una estatura media de aproximadamente 1'62m. Yo me considero algo gorda. Mi pelo es moreno y rizado, no muy largo. Suelo llevar lentes de contacto. El color de mis ojos es verde tirando a marrón.

2

> Soy bastante alta y también algo gorda. No demasiado, vamos. Mis ojos son oscuros, de color marrón. Llevo gafas, el pelo por el cuello o un poco más largo, y rizado. En realidad no es rizado, pero me lo he puesto así.

3

 C ii

Copy the chart below. For each of the penfriends, fill in all the information you can from the letters.

	1	2	3
Altura			
Peso			
Pelo			
Gafas			
Más información			

C iii

Now look at the photographs again and add any further information for each person not given in the letters.

 ## C iv

Write a physical description of yourself in Spanish to a penfriend. Use the examples in **Ci** to help you and also the vocabulary section. Add more details if you wish.

vocabulary C

Soy alto/a	I am tall
bajo/a	short
delgado/a	thin
gordo/a	fat
moreno/a	dark
rubio/a	fair
Tengo el pelo rizado	I have curly hair
liso	I have straight hair
altura	height
mido 1 m 70 cm (medir)	I'm 1 metre 70 cm (tall) (to measure)
peso	weight
peso 69 kilos	I weigh 69 kilos

 ## D i

Look at the photographs of the three families below. Which family do you think belongs to each of the people in Section C?

a

b

c

4

D ii

Read the sections of letters describing the families and match them to the photographs.

Mi familia está formada por mis padres, mi hermana y yo. Mi padre lleva gafas y tiene cincuenta años; mi madre es ama de casa, tiene el pelo claro y es de estatura media. Mi hermana tiene catorce años y es bajita

1

En mi familia somos cuatro, mis padres, yo y mi hermano. Mis padres trabajan en su comercio. Mi madre tiene 47 años, su aspecto es normal, de una estatura media, no está ni gorda ni delgada, su pelo es castaño claro. Mi padre está algo gordo, de estatura media, tiene 56 años, su pelo es canoso. Mi hermano es mayor que yo tiene 22 años, está estudiando en la Universidad. Él es delgado, alto y moreno.

2

Mi familia es así: mi padre es alto y normal, ni gordo ni delgado. Mi madre es un poco más bajita que yo, y delgada. Mi padre se llama Eduardo y trabaja en un taller; mi madre es Celia y es ama de casa. Beatriz es mi hermana: es fuerte, alta y más gorda que yo. Tiene doce años. Es morena y lleva el pelo muy corto.

3

 D iii

Now write about *your* family. Bring in photographs of your family and practise matching photographs to descriptions in groups.

E i

Read the account of the society wedding described below and complete the details in the chart which follows:

vocabulary E

novio/a	bridegroom/bride
consejero	adviser
testigo	witness
finca	summer residence
junto (al mar)	next to (the sea)
invitado	guest

Una boda reúne en la Costa Brava a poderosas familias de las finanzas

L a boda de **Patricia Estany** y **Manuel Garí** ha sido uno de los acontecimientos sociales más importantes que se han celebrado en la Costa Brava. La ceremonia reunió a buena parte del mundo social y de las finanzas del país.

La familia **Estany** procede de la industria textil. El padre del novio, **Manuel Garí,** es consejero del Banco Central.

Asistieron a la boda los principales dirigentes del Banco, encabezados por el propio **Alfonso Escámez,** que firmó como testigo de la ceremonia.

El rito religioso se celebró en la pequeña iglesia de la localidad de Pals en donde un coro de cantores, traídos *ex profeso* desde la iglesia de Santa María del Mar, de Barcelona, dio mayor realce a la ceremonia.

Terminado el acto, los invitados se dirigieron en sus lujosos coches a la finca de los **Estany,** situada junto al mar.

Entre los más de cuatrocientos invitados se encontraban: **Carlos Ferrer Salat, Rodolfo Martín Villa, Maciá Alavedra,** conseller de Industria de la Generalidad **Carlos March, Leopoldo Rodés, Luis Magaña, Carlos Pérez de Bricio, José Ferrer** y un largo etcétera. [f]

Joana Uribe
Fotos: **M.ª José Rasero**

A la izquierda, los recién casados, con el matrimonio Escámez y los padres del novio.

I	Name of bride
2	Name of bridegroom
3	Professional background
	Bride's family
	Bridegroom's family
4	Witness
5	Church
6	Reception—where?
7	Number of people invited

F i

Look at the following messages from the personal column of a young people's magazine and fill in the blanks in the following exercise with the appropriate names:

—**Por favor que Iñaki Blanco García me vuelva a escribir, soy Nuria. La carta me la has mandado sin señas.**

—**Estoy intentando dar con una chica que vive en la ciudad de los Periodistas. Es morena y lleva sombrero negro. Soy su admirador "feroz". Ella entenderá.**

—Busco chica que estaba el 19 de marzo viendo la mascletà de la plaza del País. Llevaba vestido rojo largo y gafas Police. Llama al 357 18 25. Juanjo.

—¡Hola Andrés! Soy Loli la rubia que está loquita por ti, y aunque pases de mí yo te seguiré queriendo.

—**Busco amiga que conocí en el autobús de Madrid a Valencia (año 86, verano). Juan Manuel Murillo. Oca, 85. 28025 Madrid.**

—Para Susana, pelo largo, castaña, bajita, de parte de F.O. él pasó de ti, estoy enamorado de tu hermana. Isabel. ¡Sorpresa!

—¡Hola! Me llamo Enrique, tengo 19 años y soy bastante tímido. Me gustaría conocer sólo chica para conocernos y salir, juntos. ¡Imprescindible que le guste Mark Knopfler! Castelló, 84-5.º ctra-dcha. 28006 Madrid.

—Escribidme chicas sinceras para salir. Juan García. Aptdo. de Correos 27030. 28080 Madrid.

—Chicas de Madrid, me encuentro sólo. Aptdo. Correos n.º 49009 Madrid. Francisco.

—**Tengo 16 años y soy guapo, escríbeme. Carlos Manzano. Tomás Romero de Castilla, 6-4.ºF. 06011 Badajoz.**

a) _____ has long dark hair and someone is in love with her sister whose name is _____.

b) _____ is blonde and is mad about someone.

c) _____ needs _____ to send her an address when he next writes to her.

d) _____ is looking for a dark girl wearing a black hat.

e) _____ thinks he is good-looking.

f) _____ is lonely and lives in Madrid.

g) _____ met a girl on a bus.

h) _____ is looking for a girl in a long red dress.

i) _____ is a bit shy and would like to meet someone to go out with.

j) _____ only wants sincere girls to write to him.

 F ii

Now write a short message to the same magazine. You want to contact readers who like the same music as you. You want them to write to you telling you about Pop Music in Spain. Decide the sex and the personal qualities you would like the person to have. The vocabulary section will help you.

 F iii**

Arantxa Arguelles is 16 and a ballet dancer with the Spanish National Ballet company. Study her list of what she likes and dislikes in a man.

ARANTXA ARGÜELLES

Mis mejores sueños están relacionados con el *ballet*.» Tiene 16 años, empezó a los cuatro haciendo barra en el estudio de María de Avila y a los 11 ya debutó como profesional. Con 15 años, que ya es correr, era primera bailarina del Ballet Nacional. Fue invitada por Alicia Alonso a participar en el Festival de Danza de La Habana. En París ganó el concurso de Ballet Clásico con... Antonio Castilla.

ME GUSTA

Delgados, bastante más altos que yo, morenos y, a ser posible, con los ojos verdes.

Con las manos grandes y bien formadas.

Que vistan informalmente.

Es indispensable que sean vitales.

Mayores que yo.

Seguros de sí mismos e independientes en sus gustos, opiniones, forma de vida...

Que si me halagan lo hagan porque me admiran como persona y no por ser más o menos conocida.

Brillantes en su trabajo, de hecho y no de palabra.

Es necesario que entiendan las limitaciones que me impone mi profesión, que me apoyen y me ayuden.

Que me den sorpresas.

Tiernos y sensibles.

Con habilidades culinarias.

Que sepan montar a caballo, porque es algo que a mí me encanta y no puedo hacer.

Me gusta que fume, que beba, que, en ese sentido, no esté sujeto a las mismas limitaciones que yo.

Divertidos.

Mijail Barishnikov, Fernando Bujones.

NO ME GUSTA

Odio que sean muy estirados, muy puestos.

Los *playboys*.

Con las uñas y los dientes sucios: no lo puedo soportar.

Que me digan lo que tengo que hacer.

Hipócritas.

Que presuman de lo que no son o de lo que son.

Egoístas.

Los gordos y bajitos.

Irónicos.

Que utilicen corbata.

Los pelotas.

No me gustaría nada que estuviera todo el día en bambalinas viéndome ensayar, que yo supiera que está todo el día pegado a mí.

Agresivos.

 F iv**

Below you will see a list of her likes and dislikes in English. Some of them are in the wrong column. Sort them out in the correct columns and in the correct order.

Likes	*Dislikes*
Thin and dark	Taller than I am
Men who wear ties	Green eyes
Informally dressed	Men with dirty fingernails
Independent	Older than I am
Aggressive men	Horse riders
Men who give me surprises	Smokers and drinkers
Tender and sensitive	Short and fat
Men who can cook	Selfish men

F vi**

Now make your own list in Spanish of likes and dislikes in girls or boys, women or men.

vocabulary F

señas	address
loco/a (loquita) por ti	crazy about you
conocer (a alguien)	meet (someone)
estar enamorado/a de alguien	to be in love with someone
encontrarse solo/a	to feel lonely
tímido/a	shy
delgado/a	thin
mayor que yo	older than me
uñas	fingernails
ensayar	rehearse
vestir	to dress
sensible	sensitive
corbata	tie
egoista (*m/f*)	selfish person

  F v**

What other information can you add from the original list?

G i

Look at the items from a personal column of an ecology magazine.

DESEAN RELACIONARSE CON...

— Feministas vegetarianas. Maite Camps. c/. Arrahona, 93, 7.º 1.ª Sabadell (Barcelona).

— Gente para formar una comunidad rural en Andalucía. Ignacio Villar Movellán. Bda. San Diego, bloque 43, 8.º B. Tel. 35 17 07. Sevilla.

— Gente de cualquier país (preferentemente India, Palestina, Thailandia, Jamaica o Pakistán) para informarme sobre las costumbres. Puede ser en inglés. Concepción Deza Alves. c/. República Argentina, 11-13, 4.º D. Ferrol (Coruña).

— Jóvenes interesados en ecología. Tengo 14 años. Belén Saura Eugenio. c/. Castillo Olite, 9, portal 4, 5.º D. Tel. (968) 52 80 87. Cartagena (Murcia).

— Chicos/as de 19 a 23 años. Tengo 19 años. Alicia Romero. c/. Calvario, 1. Gatova (Castellón).

— Naturistas interesados en excursionismo, plantas medicinales y micología: Nelia G. González (34 años). c/. Capitán Cortés, 14, 4.º Orense.

— Personas de Cartagena y provincia de Murcia. Amantes de la naturaleza, la fiolosofía, el arte, el conocimiento, excursiones, etc. para hacer amistad e intercambiar correspondencia. Alberto Fco. Bermejo Mercader. Prol. Angel Bruna, 15, 2.º izda. B.º Peral. Cartagena (Murcia).

— Gente de Vitoria preocupada por ecología, antimilitarismo, vida natural, etc. con ganas de formar grupo. Juan Carlos Machicado. c/. Cercas Bajas, 7, 4.º Vitoria (Alava).

— Personas para salir los fines de semana en bici. También para formar grupo con casa/granja en el campo. Guadalupe y Bernadett Sánchez Caro. Paseo de la Castellana, 237, 5.º izda. Tel. 215 79 01. Madrid.

— Chicos/as para formar grupo y salir los fines de semana y poder conversar sobre arte. Somos tres chicos de 18 a 20 años, con ideales altruistas, amantes de la naturaleza y deportes.

Which ones will you write to if:

1 you are interested in art?

2 you would like to be a member of an ecology group?

3 you are looking for people to accompany you on weekend cycling trips?

4 you want to share a house in the country?

5 you want to share knowledge of other cultures and customs?

 G ii

Below you will see a response to one of the items from the personal column. Which one?

> Querido Juan Sebastian,
>
> He leído vuestro anuncio en la revista Integral y me gustaría formar parte de vuestro grupo para salir. Actualmente me encuentro solo y no tengo amigos en esta ciudad ya que hace poco tiempo que he venido a vivir aquí. Me gusta mucho el campo y también juego al fútbol y al tenis. Tengo 17 años aunque cumplo 18 dentro de seis meses.
>
> Aunque no sé mucho de este me gustaría mucho aprender. Escríbeme pronto a Crtra Manzano 17 6A, Zaragoza.
>
> Hasta pronto
>
> Juan García

1 How long has he lived in the city?

2 Is he happy? Give reasons.

3 There are two reasons why he may not be suitable for the group. What are they?

 G iii

Using the letter above as a model and paying special attention to the underlined words answer another advert of your choice.

 G iv*

In Spanish, write another advert for the same magazine.

Remember you have to pay for these adverts so you must get the information in as few words as possible.

vocabulary G

costumbres (*m*)	customs, traditions
anuncio	advertisement
revista	magazine
actualmente	at the moment
cumplir 18 años	to have an 18th birthday
aunque	although

UN GRUPO ...

En el pasado número anunciamos que íbamos a entrevistar a grupos de casa y comenzamos con una revelación de este año, Desastre Total, un grupo de sonido eléctrico. Así respondieron a nuestras preguntas:

Pregunta: ¿Quienes formáis el grupo?
Alberto: Somos cuatro; Juan que toca la guitarra, Manolo la batería, Felipe el bajo, y yo que soy el cantante y también toco el órgano.
P: ¿Eres tú el autor de los temas?
A: No, yo sólo los canto. Juan y Felipe escriben las letras generalmente y Manolo la música. Yo ya te he dicho que soy el cantante y el mánager, digamos.
P: Ah, ya, una especie de líder del grupo. ¿Habéis grabado algún disco?
A: No, éste será el primero, si es que nos contratan después de ganar el concurso.
P: Sois todos jóvenes, ¿no?
A: Pues Juan y Manolo tienen 16 años, Felipe 17 y yo soy el veterano, tengo 18 años.
P: ¿Sois todos de Huesca?
A: Sí, menos Felipe que es de Valencia, pero hace mucho que vive en Huesca.
P: ¿Que pensáis de la movida en Huesca?
A: Que está ya un poco pasado, se necesita gente nueva, que empuje.
P: ¿A dónde pueden escribiros los fans?
A: Calle Mayor, 28, en Huesca. Si podemos les contestaremos a todos.
P: Y para terminar, ¿Podríais definir vuestra música, vuestro estilo?
A: Pues es difícil, no sé, es una mezcla de pop-rock.

- El que suscribe ha podido escuchar la grabación de este grupo ganador del 2ª concurso Rock de Lux y ... puede sonar mucho. Así son ellos - un grupo - Desastre Total.

  H i

A new young pop group has just won a prize in a competition organised by a music magazine. In order to enter the competition the members of the group had to complete the entry form shown below.

Study the form carefully and from the information in the interview above, complete the form. Work with a partner if you prefer.

CATEGORIA EN LA QUE PARTICIPO: A ☐   ☐
A. NOMBRE DEL GRUPO O NOMBRE ARTISTICO DEL SOLISTA..
B. FICHA DE LOS COMPONENTES DEL GRUPO:

NOMBRE Y APELLIDOS	EDAD	INSTRUMENTO
1		
2		
3		
4		
5		
6		
7		

C. FICHA DE LOS TEMAS EN MAQUETA:

TITULO	AUTOR MUSICA	AUTOR LETRA
1		
2		
3		
4		

¿TENEIS MANAGER O AGENTE ARTISTICO? ¿QUIEN? ....
....

¿MANTENEIS ACTUALMENTE CONTACTOS CON ALGUNA COMPAÑIA DISCOGRAFICA? ¿CUAL? ....

D. DATOS DEL REPRESENTANTE OFICIAL DEL GRUPO (Líder, portavoz o persona a contactar en caso de que sea necesario):
NOMBRE Y APELLIDOS...
DIRECCION...
POBLACION...
PROVINCIA...
EDAD.........................NACIONALIDAD.........................D.N.I...............
         FIRMA

  H ii**

Now look at the entry regulations for the same competition and indicate whether statements that follow are TRUE or FALSE.

Tal como informamos en nuestro número anterior ROLAND y ROCK DE LUX convocan su segundo concurso de maquetas. Una pasada total, premios por encima de los dos millones y medio de pesetas en material novísimo de ROLAND, y cantidad de promoción para los ganadores. Léete las bases y participa. Es la oportunidad de tu vida.

BASES DEL SEGUNDO CONCURSO DE MAQUETAS ROLAND-ROCK DE LUX

CLASE A: **Todos los estilos** (pop, rock, tecno, funky, heavy, Disco, etc.). Reservado exclusivamente para músicos o grupos no profesionales que no hayan grabado ningún disco en ninguna compañía discográfica.

Nota: Cada concursante deberá marcar en su solicitud la categoría —A o B—en que se sitúa.

2. ESPECIFICACIONES:
— Sólo se aceptarán cassettes grabadas a velocidad normal. Las cintas de magnetofón no se considerarán válidas.

— Sólo se aceptarán cintas cuya duración (de los temas musicales grabados) no sea inferior a tres minutos ni superior a diez minutos.
— Tanto en la CLASE A como en la CLASE B sólo se aceptarán composiciones grabadas básicamente con instrumentación electrónica.

3. CIERRE:
El plazo de recepción de maquetas se cierra el 15 de Agosto.

4. JURADO:
El jurado estará integrado por la dirección y el consejo de redacción de la revista ROCK DE LUX.

5. RESULTADOS:
Los nombres de los ganadores aparecerán publicados en el número de Octubre de ROCK DE LUX.

---

1 The winners will receive two and a half million pesetas in cash.

2 The winning group will be promoted by the magazine.

3 Only groups who have released at least one record can enter.

4 Only reel-to-reel tapes will be accepted.

5 The maximum duration of your recording must be ten minutes.

6 Only recordings using 'electric' instruments will be accepted.

7   The closing date for entries is 15th August.

8   The results of the competition will appear in October.

9   Only type-written entries will be accepted.

10 Entrants must leave a space of fifteen seconds at the beginning of the tape before the song.

  H   iii**

Write to your penfriend describing your favourite music group. What kind of music do they play? How many people form the group? What instruments do they play? Have you seen them? Do you have any of their records?

vocabulary H	
aprender	to learn
compañía discográfica	record company
líder	leader
población	town or city
disco	record
tocar (la guitarra)	play the guitar
la batería	the drums
bajo	bass guitar
cantante	singer
tema (*m*)	song, number
la letra	lyrics of a song
grabar	to record
concurso	competition
maqueta	demonstration tape (music)
(cinta) de magnetofón	reel to reel (tape)
letra mayúscula	capital letters
ganador/a	winner

En el instituto

 A i

The various parts of a typical school are shown below. Each one corresponds to one of the phrases that follow.

Put the appropriate number in each box. The first is done for you.

AULA	GIMNASIO
1.	2.

LABORATORIO	RECEPCIÓN
3.	4.

COMEDOR	CAMPO DE FÚTBOL
5.	6.

CAFETERÍA	PATIO
7.	8.

a) Está en la entrada ☐ 4

b) Aquí paseamos o jugamos ☐

c) Aquí hacemos gimnasia ☐

d) Aquí hacemos experimentos ☐

e) Aquí comemos ☐

f) Aquí tomamos algo y charlamos ☐

g) Aquí practicamos deportes ☐

h) Aquí tenemos las clases ☐

 A ii

Three girls, Yolanda, Ana Rosa and Conchita, have written about their school subjects below.

Yolanda

Yo estoy estudiando bachiller estoy en segundo. Estudio en el Instituto Politecnico Virgen del Pilar, es público, mixto. Esta a las afueras de Zaragoza. Para llegar hasta allí me tengo que desplazar en autobus. Mi horario era, de mañana de 8 a 1'30 y de tarde 3'30 a 5'30, no es todos los días el mismo, dos tardes las tengo libres.
La asís naturas que llevo son: Lengua, Ingles, Matemáticas, historia, Ciencias, Arte, Educación Física, Tecnología
La que menos me gustan son las matematicas. La que mas lengua.

Ana-Rosa

Shora estoy estudiando 3° B.U.P en el Instituto de Bachillerato "Pablo Gargallo" que consta
aproximadamente de mil alumnos. El horario de las
clases por la mañana es de 8'30 a 2 y por
la tarde de 4 a 6. Las clases duran todos los
días 60 minutos menos los miercoles que duran solo 50 minutos y por la tarde es fiesta.
Las asignaturas que estudio son: Matemáticas,
Física y Química, Historia, Ciencias, Inglés,
Religión, Gimnasia, Informática y Filosofía.
La que más me gusta es Matemáticas y la que
menos Filosofía.

Conchita

Yo estoy estudiando para sacarme
el graduado escolar. Mis asignaturas
son Lenguaje, Naturalesa, Matemáticas,
Sociales, Inglés.
La asignatura que más me gusta es
el Inglés. y la que menos Lenguaje

Answer the following:

1 Which of the girls describes where her school is and how she gets to it?

2 All three girls mention the same two subjects. What are they?

3 Which girl has two afternoons free?

4 For one of the girls, Language is her favourite subject, and for another it is her least favourite. Which?

5 Look at the subjects listed by Ana Rosa and answer the following: (give the names of the subjects in Spanish).

a) For this subject you need to use a computer.

b) For these subjects you need to carry out experiments.

c) For them this is an important foreign language.

d) Which of these subjects do you *not* study?

e) Which subjects do *you* study which are not mentioned by Ana Rosa? Do you know their Spanish names?

 A   iii

Using Ana Rosa's text as a model, write in Spanish about your own school and subjects as part of your letter to a Spanish friend. You may find the information in all three of the texts useful. Try to include the type of school you attend, the number of pupils in your school and in your class, your year, and your favourite and least favourite subjects.

 A   iv**

Reading through the three accounts, you will find several differences between the Spanish school system and your own.

Respond to the description above by pointing out the differences. You can start like this:

'El sistema de educación aquí es diferente. Por ejemplo, en mi instituto . . .'

Discuss timetable (*el horario*), length of each class, subjects (*asignaturas*), etc.

 A   v

Spanish teenagers who fail their summer exams are offered an opportunity to take the same exams in September. Many private schools and teachers offer revision courses throughout the summer to help students pass the exams the second time round.

Look at the two advertisements below and compare the two by ticking the appropriate columns in the chart which follows.

A

aprobar en Septiembre depende de tí

Y del repaso en una buena academia, como Delta

Selectividad

Recuperación E.G.B., B.U.P., C.O.U. Matemáticas, Física y Química, Lengua, Latín y Griego

Idiomas: Francès e Inglés

Grupos reducidos y homogéneos

Profesores licenciados con gran experiencia

Informes periódicos sobre el rendimiento de los alumnos

Ven a informarte cuanto antes, porque un buen repaso te ayuda a aprobar.

Seguro.

ACADEMIA DELTA

Costa, 2 - 6º
Teléf. 219817
Pza. Sta. Engracia

Escar, 3 entlo. dcha.
Teléf. 232022
(Pza. Los Sitios)

B

	A	B
Aimed at students		
Aimed at parents		
Emphasises 'failing'		
Emphasises 'passing'		
Small groups		
Individual attention		
Regular reports		

What is the meaning of the slogan at the end of Advertisement B?

A vi**

The newspaper article below reports on the findings of a survey of summer revision courses for students who have failed their summer exams.

Before reading the whole article look at the information in the headline. What does it tell you about the cost? What does it tell you about the problems of studying in the summer?

Cita en septiembre

Veinte mil pesetas cuesta repasar una asignatura suspendida

El calor, la playa y la pereza, enemigos de las clases veraniegas

Now look at the statements below and decide with a partner, *before* reading the article, whether you think they will be TRUE or FALSE. Compare with another pair, and then read the article to confirm.

1 If a student has to revise more than one subject a discount is sometimes offered.

2 Courses are for twenty hours a month.

3 Attending these courses assures you of passing the September examination.

4 Most of the classes take place during the late afternoon and evening.

5 At least one third of students fail to complete the course.

6 The schools usually use the individual students' books and notes for the course.

7 Many students think that going to summer school won't make them study more.

vocabulary A

aula (*m*)	classroom
comedor (*m*)	dining-room
patio	school playground
tomar algo	to have something to eat/drink
las afueras (de Zaragoza)	the outskirts (of Zaragoza)
el horario	timetable
asignatura	school subject
Lengua	(Spanish) language
Ciencias	Science
Química	Chemistry
Informática	Computer studies
(un día) libre	(a day) off, free
la(s) que más me gusta(n)	the one(s) I like most
la(s) que menos me gusta(n)	the one(s) I like least
aprobar/suspender (un examen)	to pass/fail (an exam)
repaso	revision
informes periódicos	regular reports
descuento	discount
mensual	monthly
asistencia	attendance
asegurar	to make sure
al menos	at least
pereza	laziness
academia	private school
un tercio	a third
apuntes (*m*)	notes (from lessons)

El precio por hora de clase ronda las 2.000 pesetas, aunque si el alumno ha de repasar varias asignaturas estos centros ofrecen descuentos de entre un 10 y un 20 por 100 por hora.

Estos cursos suelen contratarse por un mínimo de 20 horas mensuales, que se imparten de lunes a viernes y su duración es superior en el caso de las asignaturas científicas.

Con la asistencia a estos cursos no queda asegurado el aprobado, sino que se pretende imprimir un ritmo de repaso diario del temario a aquellos estudiantes que, en otro caso, olvidarían los libros y apuntes hasta finales de agosto, según diversos jefes de estudio de centros consultados. Estas fuentes explicaron que, una vez iniciado el curso veraniego,

profesores y alumnos pueden adaptar el horario a sus actividades veraniegas si así lo desean, aunque el horario habitual —a partir de las 17 horas— permite ir a la playa y comer sin prisas antes de asistir a clase. De todos modos, al menos un tercio de los alumnos matriculados en estos centros no concluyen las clases debido a incompatibilidades con sus planes de vacaciones.

Generalmente, se trata de un estudio dirigido en el que los alumnos han de aprender varios temas con antelación al día de la lección, jornada que se aprovecha para resolver dudas o concretar puntos en función de la cátedra en la que se estudia.

Las academias facilitan en ocasiones ampliaciones de los temas pero habitualmente los

cursos se realizan en base a los libros y apuntes de cada alumno.

La pereza de asistir a clase, el calor y la obligación de permanecer en la ciudad o de desplazarse desde la localidad de veraneo son los aspectos negativos de estos cursos, según algunos alumnos de uno de estos centros en Barcelona. Estos estudiantes reconocen, sin embargo, que asistir a la academia les obliga a estudiar y a concentrarse en las asignaturas suspendidas, al menos durante la clase.

Otra de las actividades académicas veraniegas que se ha institucionalizado es el repaso de asignaturas de EGB, FP, BUP y COU.

Además de los cursos en academias, estos niveles suelen repasarse en casa, bien en solitario, bien con la ayuda de un profesor particular.

B i

Below, Ana Belén, Yolanda and Ana Rosa, describe their characters and the sorts of people they like.
   Which girls do the following statements refer to?

1 She looks serious but is usually happy.

2 She is sometimes serious and sometimes not so serious.

3 She is shy but likes to have a good time if she is with good friends.

4 She is shy with people she doesn't know.

5 She doesn't like people who play silly pranks to have a good time.

6 She likes meeting new people.

7 She doesn't like 'big-headed' people.

> De carácter soy seria, bueno, depende de qué carácter esté, porque, a veces, no parezco nada seria.

Ana-Belén

> Yo me considero tímida hacia la gente que no conozco, pero cuando tengo confianza, soy simpática. Aunque tenga apariencia seria, suelo ser alegre y divertida. Me gusta conocer a gente nueva. No me gusta la gente creída.

Yolanda

> Suelo ser tímida con la gente pero todo depende de como sea la gente con la que trato. Soy una chica que me gusta divertirme y reir con los amigos, pero no me gusta la gente que gaste bromas pesadas para pasarselo bien.

Ana-Rosa

 B ii

Now you try writing, as part of your letter to your friend, about your character and the sort of person you like to have as a friend. Use the vocabulary at the end of this section to help you.

B iii

Below you will see part of a magazine interview with Susana Omist, one of Spain's leading gymnasts. But the answers are in the wrong order. Link questions and answers together by writing down one letter to each number.

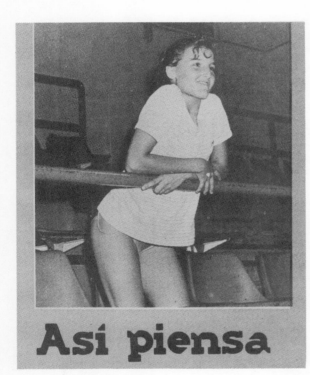

Así piensa

1   ¿Practicas algún otro deporte?

2   ¿Qué virtud valoras más en las personas?

3   ¿Y el defecto que menos soportas?

4   ¿Qué tipo de música prefieres?

5   ¿Cuántas horas duermes habitualmente?

6   ¿Tu comida preferida?

7   ¿Y bebida?

8   ¿Qué programa de televisión prefieres?

9   ¿Qué libro estas leyendo?

10   ¿Cuánto te dan en casa de paga semanal?

a)   La hipocresía.

b)   Nada. Cuando necesito dinero, lo pido. Me dan lo que es necesario, pero no una cantidad fija.

c)   Durante el curso, unas siete. En verano, casi once.

d)   La ensalada.

e)   No

f)   Uno de Agatha Christie.

g)   La movida, pero que diga algo. El rock, no.

h)   La sinceridad y la amistad.

i)   Las películas.

j)   La coca cola.

When you have matched questions and answers, check with a partner.

 B iv

Using the same questions as in B iii, conduct a questionnaire with one or two people in your group. Where possible, write down the answers to your questions in Spanish and report back to the whole group when you have the information.

---

vocabulary B

tener confianza	to have confidence
simpático/a	nice, friendly
Suelo ser (alegre)	I'm usually (happy)
divertido	amusing
creído/a	big-headed, boastful
amistad (f)	friendship

Ibiza: A veces, también se duerme.

Te despiertas a otro hermoso día soleado. Desayunas en un café del puerto y pasas la mañana al sol, en la playa. Después, un almuerzo ligero en un chiringuito, una siesta en la hamaca, y a la tarde, una caminata por el campo cercano o un paseo a la sombra por las calles empedradas, para ver a la gente.

Ducharte y ponerte más güay todavía. Cenar un pescado delicioso y tomar un café y una copa contemplando el mar desde lo alto. Un día perfectamente apacible y tranquilo, en definitiva.

Y entonces, de repente, todo se revoluciona. Nace la noche. Excitante, loca, sensual. Como si te hubieran transportado en un viaje astral a Río de Janeiro, en mitad de los carnavales.

Calles repletas de boutiques. Hormigueo de gente exótica.

Bares rebosantes de cuerpos bellos en busca de pareja. Discotecas llenas de estrellas de cine y piscinas y personajes disfrazados de ángeles y demonios y reinas de Egipto.

Te despiertas a mediodía con otro hermoso día de sol por delante.

BALEARES
La gran evasión.

USTED PUEDE. SU AGENCIA DE VIAJES TIENE LA OFERTA.

 C i

Look at the tourist advertisement for the island of Ibiza.

1 Write down some of the contrasts between life during the day and the night-life.

2 In the first half of the advertisement, eating or drinking is mentioned three times. Where does each meal or snack take place and what does it consist of?

3 At night, who might you meet in the discotheques?

 D i

Miguel Bosé is a very popular Spanish singer. Find out the following information from the article below.

1 What is he doing in England?

2 How is the house described?

3 What do the following dates and numbers refer to?

a) 10	c) 14	e) 3rd April
b) July	d) 1 million	f) 31

 C ii

Using some of the information from the advertisement above to help you, write a simple postcard to your Spanish friend describing how you spend each day at a similar holiday resort.

MIGUEL BOSE En su refugio londinense

«Mi padre es un ser a quien adoro»

M IGUEL Bosé, uno de los más carismáticos cantantes españoles, se encuentra en el pueblo inglés de Dorking, en una fabulosa mansión en la que está grabando su décimo elepé, que se titulará «XXX». Llegó a esta bella campiña londinense a mediados de julio, y desde entonces apenas ha salido del estudio de grabación. Catorce

---

vocabulary C

almuerzo (ligero)	a (light) mid-morning snack
chiringuito	beach snack-bar
estrella de cine	a film star
disfrazado/a	disguised

semanas de duro trabajo ha dedicado a su último álbum, con un presupuesto total que se acerca al millón de dólares.

Miguel, aparte de dedicarse al mundo discográfico, es una de las personas más solicitadas para el cine, de hecho en los próximos meses veremos la serie televisiva «El secreto del Sahara», que en su día publicamos en exclusiva, de la que Miguel es protagonista.

El pasado día 3 de abril cumplió treinta y un años. Desde muy joven ha tenido claro lo que quería hacer, y actualmente el puesto y la popularidad que ostenta únicamente se lo debe a su voluntad, raciocinio, inteligencia y ganas de demostrar lo que puede dar de sí.

 D   ii**

The interviewer in the magazine article then asks Miguel some questions. Below you will see his answers to two of the questions. Find out:

1 What he tries to do when he is working.

2 How he describes his present working and living conditions.

3 What is unusual about his working hours?

—Me acuesto tardísimo, algunos días pueden ser las siete de la mañana, ya que estoy todo el día metido en el estudio de grabación. Procuro levantarme lo más temprano posible, hago un desayuno fuerte y diariamente me doy una buena ducha, voy al estudio. Ceno a las siete de la tarde, me relajo un poco y de nuevo al trabajo.

—Cuando trabajo procuro aislarme de la civilización. Afortunadamente, estoy en un lugar muy cómodo, ya que del estudio solamente tengo que caminar unos metros para poder descansar en mi habitación. Me encanta este lugar, porque me da tranquilidad y me puedo dedicar enteramente a mi trabajo.

vocabulary D

décimo/a	tenth
elepé (*m*)	long-playing record
estudio de grabación	recording studio
presupuesto	budget
cumplir 30 años	to have a 30th birthday
aislarse	to isolate oneself
lugar (*m*)	place
cómodo/a	comfortable
descansar	to rest
acostarse	to go to bed
relajarse	to relax
procurar	to try

 E   i

The publicity for a correspondence-course centre which trains people for different professions is shown opposite. But the drawings are separated from their corresponding texts. Link the two by matching the appropriate numbers with the relevant letters.

 D   iii

In your letter to your friend write about *your* typical day. Choose the details that you want to write about.

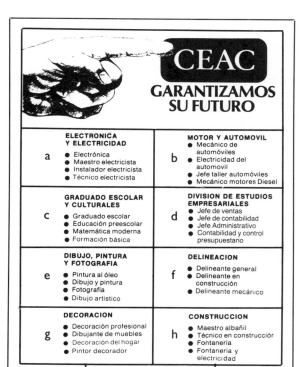

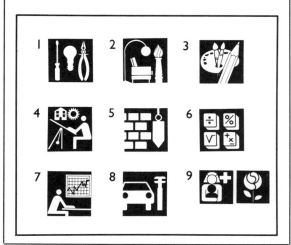

vocabulary E

dibujante (*m/f*)	designer, draughtsperson
hogar (*m*)	home
taller (*m*)	workshop
fontanería	plumbing
albañil	builder, bricklayer
ventas	sales
contabilidad (*f*)	accountancy
pintura	painting
puericultura	pediatrics

F i

Choose an English course from one of the following advertisements for each of these people.

1 Trabajo en negocios y me gustaría pasar unas semanas en Londres estudiando un curso intensivo.

2 Tengo catorce años. Me gustaría ir a Inglaterra pero no tengo dinero. Estudiaré inglés aquí en España.

3 Me llamo Teresa y me encantaría ir a Inglaterra para estudiar inglés. Aquí en España también estudio baile.

4 Soy Daniel y tengo quince años. Me gustaría vivir con una familia inglesa mientras estudio inglés.

5 Yo quiero estudiar para un examen oficial aquí en mi ciudad.

6 A mí me encantan las películas en inglés. Aprendo mucho así.

7 Yo soy Pilar y necesito una clase de inglés aquí en mi ciudad que no tenga demasiadas personas.

8 Soy Rafael y quiero estudiar durante tres semanas en Londres.

9 Me quedo aquí en España para estudiar. Quiero estudiar inglés y francés a la vez.

A

INGLES en verano

IDIOMAS
FLEMING
LENGUAS VIVAS
Madre Vedruna, 2 · tel. 22 03 16

Cursos intensivos para niños de 8 a 14 años

- 3 horas diarias estudiando, jugando, cant[...] en Inglés, con profesores nativos.
- Paseos ciudadanos acompañados de p[...]
- Películas de vídeo en Inglés.

Cursos intensivos para adultos.

- Cursos intensivos de 3 ó 4 horas [...] clase, en julio y septiembre.

C

DIPLÓMESE EN INGLÉS POR LA UNIVERSIDAD DE OXFORD

...sin salir de Zaragoza.

Centro de Idiomas
OXFORD
INGLÉS - FRANCÉS - ALEMÁN - ESPAÑOL.
San Miguel, 16

B

Cursos Verano Inglaterra

CHICHESTER-WOKING
De 10 a 17 años
ADULTOS
CAMBRIDGE 4 semanas. Todo incluido, 157.000 Ptas.
SALISBURY Y HASTINGS (Cursos todo el año)
Alojamiento en familias, 2 semanas, desde 52.256 Ptas.
LONDRES. Alojamiento en residencia
2 semanas, desde 68.800 Ptas.

4 semanas, clases, familia
vuelos, etcétera. 126.000 Ptas.

Inglés y Danza en SOUTHAMPTON

Julio. Jóvenes de 12 a 17 años.
12 horas/semana de ballet en The Julia Chattendem Sch. Dance
8 horas/semana inglés. Todo incluido, 142.500 Ptas.

IRLANDA en residencia

Niños de 8 a 15 años. Julio (4 semanas)
Todo incluido, 149.750 Ptas.

JUNFLOWER
LANGUAGE STUDIES
G. A. T. 475

INFÓRMATE
Capitán Haya, 49
Teléfonos 270 90 06 - 270 82 50
Telex 49280 FLOW MADRID-20

Barcelona: 211 75 41   Sevilla: 27 39 65
Valencia: 334 03 31   Las Palmas: 37 15 27
León: 23 55 52   Santander: 22 26 22
Bilbao: 441 18 84

D

HABLA USTED INGLES

- AZAFATAS HABLAN INGLES
- SECRETARIAS HABLAN INGLES
- AGENCIAS HABLAN INGLES
- GUIAS TURISTICAS HABLAN INGLES
- PROFESIONALES HABLAN INGLES

El inglés hablado y escrito es imprescindible para los puestos dinámicos.
"¡Ojo!" En 1986 España estará en el Mercado Común.
¿Habla Usted Inglés? ¿No? Al finalizar uno de nuestros cursos encontrarás puesto más fácilmente

LONDON
OXFORD
SHEFFIELD

Cursos de Inglés general: duración 3 & 4 semanas. London, Oxford, Sheffield.
Cursos de Inglés comercial: duración 4 semanas. London.
Cursos especiales para profesores: duración 3 semanas. London.
Cursos especiales para estudiantes de medicina: duración 3 semanas. Sheffield.

Si desea inscribirse o más información sobre estos y otros cursos todo el año, por favor contacte con nosotros.

Matthew Jordan.
Oficina Técnica.
Viajes Sprint SA.
O'Donnell 30.
Madrid 9.
Teléfono: 2742218/4094443.

Member of (ARES) and felco

pitman

---

vocabulary F

odiar	to hate
tardar (6 meses)	to take (six months)
baile (*m*)	dance
comprobar	to check
mientras	while
diario	daily
alojamiento	lodgings
negocios	business

G i**

Charo, Mercedes and José Luis all studied English in the UK or the USA last summer. The beginning of each person's account is given below. (A, B, and C) Read each one carefully and then decide which two of the following six blocks of text (1–6) fits each account, and in which order.

A

Charo Crespo, madrileña de 22 años, estudiante de Turismo, es de las que prefieren disfrutar sin que nadie se lo programe y organizarse ella misma los días.

B

Mercedes Cuervo, 65 años, decidió ir el verano pasado al Reino Unido, porque tiene un hijo en California.

C

José Luis Artiaga, 24 años, estuvo el pasado año como monitor de deportes en Minnesota (Estados Unidos).

I

Contrató un curso de dos meses en Bournemouth (Reino Unido) con cuatro horas diarias de clases. Aunque reconoce que el colegio organizaba excursiones y actividades "que no estaban mal", el tiempo libre lo rellenaba con excursiones por su cuenta y mochila.

2

Los chavales se levantaban a las siete de la mañana. Dos horas después comenzaban a entrenar. Cenaban a las cinco de la tarde y tenían después una hora de piscina. A las ocho y media o nueve ya se retiraban a descansar. La verdad es que acababan *hechos polvo*.

3

A pesar del curso intensivo de ocho horas diarias, no dejó escapar ninguna de las excursiones organizadas por la academia, y siempre sacaba tiempo para jugar al tenis. Todo le fue tan bien que este año repite el curso tal cual.

4

Se trataba de un curso especial de un mes que incluía, aparte del inglés y la informática, dos semanas de clases intensivas de baloncesto y tenis, con enseñanzas sobre dietética y preparación psicológica para el partido.

5

Quiere habituarse al inglés para no sentirse aislada cuando se vaya a vivir con él. Se alojaba con una familia, porque considera que es la mejor forma de meterse en la cultura y el idioma extranjeros.

6

Eso de ir cincuenta en un autobús no me convence. Entre clases y viajes, buscó trabajo para permitirse ciertos caprichos: ir de compras a Londres o asistir al concierto de Madonna. Encontró primero ocupación en una hamburguesería — "me trataron fatal" —. Después, cuidando niños en un hotel.

 G ii**

Form groups of three. Check your answers to **G i** with other members of your group.

Now write four or five questions each (in English or Spanish) for one of the texts.

e.g. 'Why did Charo go to England?', '¿Por qué fue Charo a Inglaterra?'

Try them out with the other members of your group. Make sure you know the answers!

H i** Job interviews

1 With a partner, note down the advice you might give to a young person attending their first job interview, starting with what they should do *before* the interview. Compare your list of advice with that of another pair.

Now read the text below. Does your advice compare with the advice given?

2 What does the article say about the following?

a) what you should do before the interview

b) your appearance

c) punctuality

d) the questions the interviewers ask you and the way you should answer them

e) salary

f) your interests and hobbies

Mañana, la entrevista

Has mandado tu *currículum* y, al cabo de unos días, te contestan: tu candidatura no ha caído a la papelera y mañana tienes que presentarte a las once en punto para una entrevista personal. Te esperan para verificar tu *currículum* y para ver si realmente eres la persona que buscan para ese puesto. Desde luego, sentirse «evaluado» en una conversación, en la que entra en juego el posible puesto de trabajo, puede poner a prueba los nervios más templados. Aquí tienes algunos consejos prácticos para convencer al futuro jefe de que tú eres la persona que busca:

—Antes de presentarte, infórmate lo mejor posible sobre la empresa: multinacional o negocio familiar, editorial o empresa de cosmética, recién creada o a punto de cumplir su centenario. Esta precaución te puede evitar pequeñas «meteduras de pata», y, además, a tu entrevistador le halagará que su empresa sea conocida.

—Cuida tu aspecto. Muchos jefes de personal se basan en él para juzgarte. En general, el estilo más bien clásico es el que mejor efecto produce. Tampoco hace falta que te «disfraces» con un traje de chaqueta de tu madre. Respeta tu estilo, pero sin estridencias. Mejor falda que pantalones, y nunca vaqueros. Y desde luego, tu aspecto general impecable: pelo limpio, uñas bien cortadas —siempre se fijan en las manos—, maquillada, pero no demasiado. Las joyas y los «signos externos» tipo mechero de oro, mejor dejarlos en casa. Y ahora, la actitud durante la entrevista:

—La puntualidad es fundamental. Si no puedes llegar a la hora prevista, llama para decirlo.

—Escucha con atención todo lo que te dice tu entrevistador. Antes de contestar, asegúrate de que has entendido bien, y si no es así, pídele que te aclare la pregunta. Las manifestaciones de sorpresa ante preguntas inesperadas, las contestaciones confusas, la mirada insegura, son síntomas de inmadurez. No bajes nunca los ojos, contesta con rapidez —si una de las preguntas te deja muda, pídele que te la repita para ganar tiempo—, claramente y con exactitud. Evita las contestaciones monosilábicas.

—¿Por qué has dejado tu trabajo anterior? Una pregunta clara a la que debes contestar probando que tenías buenos motivos para hacerlo. Así demostrarás que no eres una persona inestable. Y si te echaron por cualquier motivo, no esperes a que te pida explicaciones para dárselas: tu futuro jefe comprenderá una reducción de plantilla o una «incompatibilidad de caracteres», si se lo explicas simplemente, sin criticar a nadie.

—No saques tú nunca el tema del sueldo. Espera a que él lo haga y no «regatees». Ya discutirás el tema cuando seas seleccionada. Y si en toda la entrevista no se habla de sueldos, espera al final para preguntar muy amablemente cómo está remunerado el puesto.

—También te preguntarán sobre tus *hobbies*, deportes que practicas, ocupaciones durante tu tiempo libre: llévate el «tema» preparado, sin adornos, pero dando la sensación de que sabes organizarte. Habla de la lectura y aprovecha para decir que te encanta levantarte temprano, incluso los fines de semana.

H ii**

In a letter to a friend, write about your plans for the future. Do you intend to continue studying? If so, what would you like to study?

What do you intend to/would you like to do when you finish studying? Give reasons.

If you are working, write about your job and your plans for the future.

vocabulary H

entrevista	interview
empresa	company, firm
aspecto	(personal) appearance
sueldo	salary
puntualidad (f)	punctuality

Tiempo 3 libre

A i

Study the information on each of the six tickets below and answer the questions.

1 Where can you get a discount?

2 What can you do at the bull-ring in Ronda?

3 What part of the theatre will you be sitting in?

4 In which row will you be sitting in the cinema?

5 What are you obliged to do if you go to the discotheque?

6 Who is the swimming-pool ticket for?

D

A

E

B

C

F

A ii

Look at the information on the notices (1–6) below and match each with the statements (a–f).

1 | Mayores de 18 años |

2 | No hay localidades |

3 | Venta anticipada |

4 | Taquilla abierta de 2 a 4 |

5 | Autorizada para todos los públicos |

6 | Partido suspendido |

a) Sold out.

b) People of all ages can see this film.

c) The match is off.

d) The content of this film means youngsters aren't allowed in.

e) The box office is only open for a short time each day.

f) This is where you buy tickets in advance.

 ## A iii

Now write a short paragraph describing a day in which you have enjoyed yourself in some way. Describe what you did.

vocabulary A

plaza de toros	bullring
fila	row (in a theatre)
butaca	stalls (in a theatre)
piscina	swimming-pool
localidad (f)	seat, place (in a theatre)
consumición (f)	a drink (in a club)
venta anticipada	advanced sales
taquilla	box-office
partido	match, game
suspendido	postponed, put off

B i

A well-known Spanish magazine conducted a survey into how people from all walks of life spend their money in their free time.

1 From the various accounts below and on page 28 find which of the people interviewed spend their money on the following. (There is more than one person for each category.)

a) eating out

b) magazines and books

c) gardening

d) records and music concerts

e) discotheques

f) clothes

g) sport

h) travel

i) going out/drinking

j) the car

2 Which of the people are able to save money?

1 **JULIAN PRESA,**
37, DIRECTOR DE OFICINA
AGENCIA DE VIAJES, BILBAO.
Viajo todo lo que puedo, bastante por países exóticos como India o Marruecos. El deporte es mi otra gran afición y mi principal fuente de gastos. Ten en cuenta que practico natación, squash, esquí y ciclismo.

2 **CARMEN DIAZ,**
32, COMERCIANTE, SEVILLA.
Resulta difícil ajustarse a un presupuesto, pero mal que bien lo consigo. Si no me sería imposible conseguir el sueño de viajar. Gasto bastante en comer fuera de casa y poquísimo en transportes públicos. Lo que más me gusta es dedicarme a la jardinería, que es barato.

3 **MANUEL SALINAS,**
40, PINTOR, SEVILLA
Entre el gimnasio, los bares y los viajes, llego a fin de mes a cero. Pero me gusta la vida que llevo y no me rompo la imaginación tratando de ahorrar.

4

FRANCIS DIEZ,
28, PANADERO ARTESANAL Y
LIDER DEL GRUPO DR.
DESEO, BILBAO

Me interesa mucho la música y por eso no me pierdo ni un concierto ni una novedad discográfica, dentro del estilo que me interesa. También gasto en revistas y en viajes. Sólo compro en almacenes y rastros.

5

JOSE LUIZ FERNANDEZ,
26, INDUSTRIAL (CLINICA
VETERINARIA), VIGO.

Tengo debilidad por la ropa de diseño y me cuesta un ojo de la cara. Además se me va otro tanto en discotecas, qué quieres: me gustan. El coche es otro de los gastos fijos. Muchos meses consigo superarlos gracias a las tarjetas.

6

EULOGIO MARTIN,
28, FOTOGRAFO, MADRID.

Lo que más me gusta es salir por las noches, así que apunta: la cuarta parte de ingresos la gasto en diversiones nocturnas. El coche también me sale carísimo y no digamos comer en restaurantes. Pero, milagrosamente, ahorro, aproximadamente un cinco por ciento e invierto otro tanto en empresas.

 B ii

Below three people describe how they like to spend their free time. Read the accounts and complete the accompanying chart.

	A	B	C
music			
reading			
parties			
cinema			
writing letters			
sports			

Which one mentions the most sports and what are they?

A

Me gusta mucho la música, leer libros sobretodo de misterio. En el tiempo libre salgo con mis amigos y de vez en cuando hacer fiestas en alguna casa. Durante el curso solemos salir los miercoles al cine con los compañeros de clase.

B

Ahora que estamos en verano voy a la piscina con mis primos, mis amigos, mi hermana y mi madre. Tengo amigos también del colegio y con los que se han ido de vacaciones o campamentos les he escrito. Aunque casi nunca hacía deporte ni me gustaba, ahora practico el baloncesto y la natación, y me gustaría jugar al tenis.

C

Mis gustos son como los de la gente de mi edad. Lo que más me gusta es estar junto a mis amigos.

Me gusta el deporte, aunque no practique mucha cantidad, los que más practico son el esquí, el baloncesto, la gimnasia de mantenimiento, el ciclismo, etc.

B iii

Now write a short paragraph describing how you like to spend your free time. Compare your accounts with other members of your group.

B iv

One of the three messages below is for you. The information you are looking for is:

Place: Cinema
Time: 7pm
Day: Today

I Find your message.

B

Voy al médico con mi hermano. No puedo ir al cine hoy contigo. Si vas tú; llámame y podemos quedar en la puerta del cine a las siete cuando salgas para tomar un café los tres

Ana

A

No me apetece ir al cine hoy. Si quieres, vamos mañana a las 7 en vez de hoy. ¿vale? Te esperaré en la puerta. Llámame si no puedes ir.

Javier

C

Tengo que ir de compras con mi madre. No puedo ir al cine a las 5. Te esperaré en la puerta del cine para la próxima sesión. No tardes la película empieza a las 7.

Yolanda

2 Look at the message again and find out the following:

a) the original arrangement

b) the reason for the change of plan.

3 Now complete the following chart for the other two messages.

	1st message	2nd message
the new arrangement		
the original arrangement		
reason for change		

 B v

Now write similar messages, using the details below to help you. Decide on an alternative suggestion.

I *Place:* The swimming pool
Time: Today at 2 o'clock
Reason for change: Help father.
Suggestion: _____

2 *Place:* Discotheque
Time: Tomorrow evening at 9 o'clock
Reason for change: An invitation to you both for a friend's party.
Suggestion: _____

3 *Place:* Football stadium
Time: This afternoon at 3.30
Reason for change: No tickets left.
Suggestion: _____

4 Now invent one or two of your own.

vocabulary B

fuera de casa	away from home
disfrutar	to enjoy
caro/carísimo	expensive/very expensive
gastos	expenses
tener en cuenta	to take into account
natación (f)	swimming
presupuesto	budget
jardín (m)	garden
barato	cheap
ahorrar	to save
almacén	warehouse, store
diseño	design
invertir	to invest
Suelo/solemos salir	I/we usually go out
primo/a	cousin
baloncesto	basketball
No me apetece ir	I don't feel like going
No tardes	Don't be late
quedar	to arrange to meet
Quedamos en la puerta del cine	We'll meet at the door of the cinema
ayudar	to help
esperar	to wait
No quedan entradas	There are no tickets left

 C i

In pairs or groups write down, in Spanish, a list of different types of films (e.g. *horror*, *comedia*, etc.). Compare your list with that of another group.

C ii

Look at the listings below for films and other entertainment in town and answer the following questions.

I How many films are suitable for the whole family?

2 Are you allowed into the Cervantes cinema if you are younger than eighteen?

3 Where can you *not* go on a Wednesday?

4 How many films can you see in the morning?

5 Where can you see two resident female singers?

6 Which film has been showing for the longest time?

7 Which film is showing for the last time today?

8 Where can you listen to music, sing and dance?

CARTELERA

TEATROS

TEATRO SALON OASIS. — Presenta el nuevo espectáculo: **Mesalina... ¡a jugar!** Funciones: 7 tarde, 11 noche. Boggiero, 28. Teléfono 441062. Los miércoles, descanso de la compañía.

CINES DE ESTRENO

ARAGON. — 3 salas. 5-7-9-11 (No recomendada menores 13 años). **Fenómenos extraños III (Poltergeist III).** Nancy Allen, Tom Skerritt, Heater o'Rourke.

ARAGON. — 3 salas. 5-7-9-11 (Todos públicos). 2.ª semana: **Un señorito en Nueva York,** Daniel Day Lewis, Harry Dean Stanton.

ARAGON. — 3 salas. 5-7-9-11 (Todos públicos). 6.ª semana: **Nuestros maravillosos aliados.** Producción de Steven Spielberg, con Jessica Tandy.

CERVANTES. — 5-7-9-11 (No recomendada para menores de 18 años). 3.ª semana: **Best seller,** con James Woods, Brian Dennehy, Victoria Tennant. Un filme de John Flynn.

COLISEO. — 5-7-9-11. (Todos públicos). 7.ª semana: **Cocodrilo Dundee II,** Paul Hogan, Linda Kozlowski.

DON QUIJOTE. — 5-7-9-11 (No recomendada para menores de 18 años). **Por encima de la ley.** Con Steven Seagal, Pam Grier, Henry Silva. Un filme de Andrew Davis.

ELISEOS. — 5-7 y 9 (No recomendada para menores de 18 años). Cuarta semana en continuación de estreno: **Saigón (el infierno del silencio),** con Willed Dafoe, Gregory Hines, Fred Ward. Un filme de Christofer Crowe.

FLETA. — 5-7-9-11 (No recomendada menores 18 años). 3.ª semana: **Rambo III.** Sylvester Stallone, Richard Crenna.

MOLA. — 5-7-9-11 (Todos públicos). **Desventuras de un recluta inocente,** con Matthew Broderick.

MULTICINES BUÑUEL 4. — Calle Francisco de Vitoria, número 30. Teléf. 232018.

SALA 1: Matinal 11,30. Tarde, 5-7-9 (Todos públicos). **El rayo verde.** Un filme de Eric Rohmer. V.O.S.E.

SALA 2: Matinal 11,30. Tarde, 5-7-9 (No recomendada para menores de 13 años). **Sammy y Rosie se lo montan,** un filme de Stephen Frears. 3.ª semana. Ultimo día.

SALA 3: Matinal 11,30. Tarde, 5-7-9 (No recomendada para menores de 13 años). **Bala blindada,** con Scott Glenn. 2.ª semana.

SALA 4: Matinal 11,30. Tarde, 5-7-9 (Todos públicos). **En busca del águila.** Un filme de Philippe Mora, con Katheleen Turner. 2.ª semana.

PALACIO. — 5-7-9-11 (Todos públicos). 6.ª semana: **Suéltate el pelo.** Filme de Summers, con Hombres G.

PALAFOX. — 5-7-9-11 (No recomendada para menores de 18 años). 2.ª semana: **Los señores del acero,** con Rutger Hauer, Jennifer Jason Leigh, Tom Burlinson. Un filme de Paul Verhoeven.

REX. — 5-7-9-11 (Todos públicos). **Mi amigo Mac.** Con Chistine Ebersole, Jonathan Ward, Lauren Stanley. Un filme de Steward Raffill.

ESPECTACULOS

BINGO CLUB CICLISTA ZARAGOZANO. — Avenida César Augusto, número 7, bajo. Refrigerado. Horario: De 5 tarde a 3 madrugada. Excepto vísperas festivos, cierre 3,30 madrugada.

EL PLATA. — Reviva el sabor de antaño en el único café-cantante de España. El Plata le espera todos días en tres sesiones. Todos los días de 3 a 5. Lunes, martes y jueves, de 10,45 a 12,15. Viernes y vísperas, 10,45 a 1,30. Sábados, 7,30 a 8,45 y 10,45 a 1,30. Domingos y festivos, 7,30 a 8,45 y 10,45 a 12,15. Disfrute una noche agradable en la compañía de nuestras cantantes **Mónica y Marga Castillo.** Como siempre, en El Tubo, de Zaragoza.

PERFIDIA. — La sala más completa que podrá usted hallar. ¿Está de paso en Zaragoza? No deje de visitarnos; no se arrepentirá y dispondrá de un grato e imperecedero recuerdo. Complete sus celebraciones de toda clase con una velada en Perfidia. Sólo aquí podrá disfrutar de música en vivo, oír la jota más pura o las auténticas sevillanas. Todo ello a cargo de los mejores artistas. Aquí podrá oír, ver, cantar y bailar sus canciones favoritas, como si estuviese en su propia casa. Camino de las Torres, número 42. Teléf. 222161. Abierto desde las 8 tarde.

SALA YDRA. — Presenta gran espectáculo con baile. En pases de 12,30 y 3,15. La actuación de tres grandes transformistas **Tercer Tiempo.** Luis Bermejo, 9 (Romareda). Teléfono 359899.

C iii**

Below you will see reviews of four films followed by comments from four people about the types of films they like to see. Choose one of the films below for each person.

3
NAVAJEROS

Una de las innumerables aproximaciones que Eloy de la Iglesia ha efectuado a la juventud marginada. La carrera de un delincuente casi adolescente y el imparable proceso que le llevará a la destrucción es observada con ojos pretendidamente críticos hacia el entorno social generador de la misma. Su excesiva tendencia al folletín lastra en demasía las perspectivas que en principio podían haber salvado el film. INTE-RESANTE PARA LOS AMANTES DEL MELO-DRAMA SOCIAL.

1
EL TEMPLO DEL ORO

Típico film de aventuras con un argumento muy tópico realizado con la habitual profesionalidad del cine norteamericano. No hay demasiadas cosas nuevas. Un fabuloso tesoro de los aztecas, una pareja de aventureros (Chuk Norris y Lou Gosset, jr.), una chica atractiva (Melody Anderson) y hasta un mago. Luchas, peleas, acción y los escenarios típicos de esta clase de aventuras componen un film más bien simpático y bastante entretenido.

2
TRAS EL CRISTAL

Triunfadora en el Festival de Berlín, es una película de terror insólita en el cine español. Un extraño accidente obliga a un ex oficial nazi (Gunter Heisner) a ser metido en un pulmón de acero. Su esposa (Marisa Paredes) y su hija le odian. En la casa se presenta un joven de inquietante personalidad (David Sust). Con una mezcla muy hábil de diferentes filmes del género («El fotógrafo del pánico», «Repulsión», etc) el realizador consigue un clima de angustia, algo forzado en algunos momentos, pero siempre insano e inquietante.

4
"TRES AMIGOS".

Tres héroes del cine cómico son famosos en medio mundo. Sus películas son un éxito y, su problema, es que en algún lugar de México confunden la ficción de la pantalla con la realidad de sus personajes. Ante una situación apurada, despedidos del estudio, deciden aceptar una extraña oferta que, en su santa inocencia, ellos creen se trata de montar su show particular. En la realidad, una joven campesina pretende que, como en el cine, libren a su pueblo de la opresión de un cacique insaciable. Pronto, cuando comprenden la auténtica situación, empezarán los jaleos...

A

Yolanda: Me gustan las películas que no son demasiado serias. Me gusta reírme en el cine.

B

Javier: Cuando voy al cine me gusta escapar de la vida normal. Por eso me gustan las historias fantásticas.

C

Pilar: Me gustan las películas que tratan de los problemas de hoy día.

D

Manuel: Me gusta pasar un poco de miedo cuando veo una película.

 C iv

Read the following statements. Which of the films described in **C iii** does each refer to?

1   Es una película española.

2   Es una película sobre actores de cine.

3   Trata de los problemas de la sociedad actual.

4   En esta película hay mucha acción pero no es muy original.

C v

Describe a film you have seen recently in the cinema or on television. Try to include the following information:

a) the type of film

b) the main story

c) the characters

d) the actors

e) Did you like it?

f) Would you recommend it?

 D i

Look at a typical day's television programmes below and answer the following questions:

1 How many full-length feature films are there?

2 Which film describes a tragic week in recent Spanish history?

3 There are two cartoon shows. What are they?

4 How many sports programmes are there?

5 Are there any news programmes on the second channel?

6 Which programmes have already been shown on television?

7 In which programme can you get a bird's eye view of part of Spain?

8 Which film was directed by the main actor?

9 How many competition programmes are there and what are they called?

10 Who lands in the desert?

vocabulary C

Es una película de terror/ policiaca	It's a horror film/ police thriller
Mayores de 18 años	Over eighteen-year-olds
Menores de 18 años	Under eighteen-year-olds
último día	last day
juventud marginada	drop-out, delinquent youth
amante	lover
navaja	knife/razor
navajero	person who carries/uses a knife for crime
tras	through
cristal	glass/crystal
insólito	unusual
pulmón (m)	lung
acero	steel
angustia	anxiety
inquietante	disturbing
éxito	success
confundir	confuse
despedir (a alguien)	to sack someone
librar	to free, to set free
cacique (m)	tyrant
jaleo	fuss, chaos, confusion
reírse	to laugh
tratarse	to deal with/to be about
Se trata de dos hombres	It's about two men
pasar miedo	to be frightened
protagonistas (principales)	the (main) characters

PROGRAMAS DE TELEVISION

DOMINGO

TVE-1

Programación matinal.
9.00 Informe semanal (repetición).
10.00 El día del Señor. Santa misa. Dirección: Eduardo T. Gil de Muro. Realización: Miguel García Marín. Jornada de la Pastoral de la Carretera, desde el Cerro de los Ángeles de Madrid.
11.00 48 horas (informativo).
11.05 Concierto. *Contemporáneos españoles.* Programa dedicado a la música contemporánea española, con obras de diferentes compositores, programadas en distintas temporadas por orquestas españolas. *Suite para orquesta,* de José María Morales. *Concierto para guitarra y orquesta,* de Francisco Cano. Solista: Ernesto Bitetti. *Te Deum,* de José Peris. Orquesta Sinfónica de RTVE y Orquesta Municipal de Valencia, dirigidas por Enrique García Asensio, Manuel Galduf y Miguel Ángel Gómez Martínez.
12.05 Pueblo de Dios. *Los museos de la Iglesia* (I). Dirección y guión: José Luis Martín Descalzo. Realización: José María Morales. Museos diocesanos: Solsona y Astorga.
12.35 Documental.

13.30 Segunda enseñanza. *La religión y el hombre.* Dirección: Pedro Masó. Guión: Ana Diosdado. Intérpretes: Ana Diosdado, Juan Diego, Patxi Bisquert, Javier Bardem, Pilar Bardem. Rodri organiza una serie de actos para las fiestas navideñas. Un alumno de los cursos superiores decide crearle problemas. Tras varios incidentes, Makiko, de religión budista, dará un significado definitivo a la Navidad.

14.30 48 horas (informativo).

15.30 El tiempo.

15.35 Los pequeños Picapiedra (dibujos animados). *El pequeño visitante.* Pedro sorprende una conversación entre sus papás, cuyo tema principal es la próxima llegada de un pequeño visitante que dará lugar a algunos cambios en el seno de la familia.

16.05 Estrenos TV. *Llegan los extraterrestres (Aliens are coming),* 1980 (95 minutos). Dirección: Harvey Hart. Guión: Robert W. Lenski. Fotografía: Jacques Marquette. Música: William Goldstein. Intérpretes: Tom Mason, Melinda Fee, Max Gail, Caroline McWilliams, Eric Braeden, Matthew Laborteux, Fawne Harriman, Laurence Haddon, Curtis Credel.

17.50 Si lo sé no vengo (concurso). *Los gánsters de Chicago de los años treinta.* Realización: Ladislao Kaszner. Presentación: Jordi Hurtado.

18.45 Dibujos animados. *Festival de Tom y Jerry.*

19.10 La clínica de la Selva Negra (serie). *El ladrón (Der dieb).* Intérpretes: Klausjürgen Wussow, Gaby Dohm,

Sasha Hehn, Karin Hardt, Heidelinda Weis, Karl Walter Dress. Mischa, el celador del hospital, es acusado del robo de unos marcos desaparecidos en casa de una anciana a la que recogió para llevarla en una ambulancia. Aunque el profesor Brinkmann tiene gran confianza en él, la muerte de la anciana le pone las cosas difíciles.

20.00 A vista de pájaro. *Alicante (Sol para los cazadores de viento).* Dirección y guión: Eduardo Delgado. Realización: Miguel Sarmiento. Vistas aéreas de la provincia de Alicante, destacando los aspectos geográficos y culturales.

20.30 48 horas (informativo).

21.00 En portada (informativo). *Isabel de Inglaterra.*

21.35 La vida sigue (concurso). *La ciudad de Barcelona.* Dirección y presentación: Joaquín Arozamena.

22.45 Domingo cine. *Siete días de enero,* 1978 (162 minutos, aproximadamente). Dirección: Juan Antonio Bardem. Guión: Gregorio Morán, Juan Antonio Bardem. Fotografía: Leopoldo Villaseñor. Música: Nicolás Payrac. Intérpretes: Virginia Mataix, Fernando Sánchez Polack, Manuel Egea, José Manuel Cervino, Madaleine Robinson, Alberto Alonso. El 24 de enero de 1977, mediante un rápido asalto de unos desconocidos, fue cometido el quíntuple asesinato de unos abogados laboralistas en su despacho de la madrileña calle de Atocha.

1.40 48 horas (resumen informativo).

1.45 Despedida y cierre.

TVE-2

11.45 Carta de ajuste. *La sega* (poemas sinfónicos). Joaquín Zamacois. Intérpretes: Orquesta Ciudad de Barcelona. Director: J. Pich Santasusana.

11.59 Apertura y presentación.

12.00 Estudio estadio. (12.15) Motocross (Campeonato de España 250 cc). desde Yunquera. (13.15) Gimnasia rítmica (Campeonato de España), desde Playa de Aro. (17.00) Pelota (final Open de España), desde Baños del Río Tobía (Logroño).

18.00 Sesión de tarde. Ciclo Charles Chaplin. *La condesa de Hong Kong (A countess from Hong Kong),* 1966 (103 minutos). Dirección, guión y música: Charles Chaplin. Fotografía: Arthur Ibbetson. Intérpretes: Marlon Brando, Sophia Loren, Patrick Cargill, Charles Chaplin, Margaret Rutherford, Sidney Chaplin, Oliver Johnston, John Paul.

19.45 Camino de Seúl (serie).

20.10 Spenser, detective privado. *En un lugar seguro (In a safe place).* Dirección: Virgil Vogel. Intérpretes: Barbara Stock, Avery Brooks, Robert Urich, Ray Baker, Jaime Sánchez, Nancy Marchand.

21.00 Muy personal. *Ricardo Bofill, arquitecto.* Dirección: Pilar Trenas.

22.00 El instante más largo.

22.30 Retransmisión deportiva.

24.00 Despedida y cierre.

 D ii

Below is an extract from an article about the history of Spanish television. Find the following information in the article.

1 The first televisions appeared in Spain in ＿＿＿.

2 Colour television first appeared in Spain in ＿＿＿.

3 The first televised football match was in ＿＿＿.

4 Programmes were first transmitted from overseas in ＿＿＿.

5 The second channel first appeared in ＿＿＿.

```
La Televisión Española

La televisión llegó a España en 1956, veinte años más
tarde que en otros países. En 1959 se iniciaron las
retransmisiones de partidos de fútbol y la publicidad y
en 1960 se conectó por primera vez con Eurovisión. No
obstante, hasta 1968 no hubo corresponsales en el
extranjero.
    En los años 60 España sufrió cambios sociales y
económicos profundos y la televisión se convirtió en un
símbolo de prosperidad, pasó a ser parte de la vida de
cada familia. Así, aunque hasta 1963 no se llegó a los
300,000 televisores, en dos años esta cifra se aumentó
a 1.250.000 y en el 68 se superaron los 3.000.000. En
1966 se creó la segunda cadena -UHF- y en los 70 llegó
el color.
```

D   iii

Below you will see a selection of letters written to the editor of a magazine devoted to television programmes.

1   Read the three letters and with your partner discuss the main content of each.

2   The writer of the first letter makes two points about the quality of some television presenters. What are they?

3   Why does the writer of the second letter suggest that the programme is transferred to the first channel?

tu opinión

● ¿Qué opinas de lo que ves por televisión? ¿Qué te parece nuestra revista? Escribe a TV PLUS. Apartado 8.408. Madrid.

Las chicas de la "tele", más listas

Me gustaría que en Televisión tuviesen más cuidado a la hora de elegir y seleccionar periodistas o presentadores para los programas. Por lo que he podido comprobar, tengo la impresión de que ellas, me refiero a las presentadoras, están mucho más preparadas que ellos, resultan más cultas e inteligentes y además presentan una mejor imagen. ¿No hay hombres preparados? ¿Definitivamente las mujeres son más listas?

Julián Laguna
(San Sebastián)

Buenas series a la Primera Cadena

Soy una madre de familia que trabaja y os escribo para quejarme del horario en que se emite la serie *Se ha escrito un crimen*. Cuando finalmente acuesto a los niños cada día estoy tan rendida que ya no me da tiempo a verla; además, considero que una serie tan buena como ésa merece al menos la Primera Cadena, que es la de mayor audiencia.

Juana Milla
(Valencia)

"Luz de Luna", en huelga

Me gustaría saber si Televisión ha comprado más capítulos de la serie "Luz de Luna" y si se están rodando más episodios de la misma serie.

Beatriz Flores
(Madrid)

En este momento, la huelga de guionistas que afectó a la mayor parte de las series que se ruedan en Hollywood mantiene paralizada también la serie *Luz de Luna,* que protagonizaban **Cybill Shepherd** y **Bruce Willis,** y mientras los guionistas no consigan mejorar sus condiciones de contratación, e incluso las económicas, han asegurado que no continuarán escribiendo. En cualquier caso, faltan muchos espisodios por ver en España y Televisión espera poder adquirirlos muy pronto, por lo que según las previsiones es posible que la tengamos en pantalla a comienzos del año próximo.

vocabulary D

estreno	premiere, first appearance
asesinato	murder
dibujos animados	cartoon (film)
noticias	news
pájaro	bird
vista	view
guión (*m*)	screenplay
concurso	competition
desierto	desert
tomar tierra	to land
no obstante	nevertheless
cambio	change
cifra	number/figure
aumentarse	to rise, to get bigger (numbers)
cadena	television channel
elegir	to choose
comprobar	to check
presentador/a	television presenter
listo/a	clever/bright/sharp (person)
quejarse (de algo)	to complain (about something)
acostar (a los niños)	to put the children to bed
rendido/a	exhausted
merecer	to deserve
rodar (una película)	to make (a film)
huelga	strike
guionista (*m/f*)	screenwriter
mejorar	to improve
en cualquier caso	in any case
faltan muchos episodios	there remain many episodes

E i

Each of the following invitations is to a different event.
Match each invitation to the appropriate picture.

Manolo y Pili

Tenemos el gusto de participaros nuestro enlace matrimonial que se celebrará el próximo día 1 de Octubre, a las 13 horas, en la Iglesia de San Antonio (Paseo Cuéllar).

Zaragoza, 1.988

Almuerzo: Restaurante Sella   se ruega contestación
a las 15 horas

1

Querido Juan:

Te invito a mi fiesta de cumpleaños que será el día 30 de diciembre

2

¡ He aprobado los exámenes! Y voy a dar una fiesta para celebrarlo ¿ Venéis?

3

A   B   C

E ii

Look at the following extracts from letters written by
each of the people who have invited you.

Now choose a suitable present for each person from
the six shown.

a

1 Ana

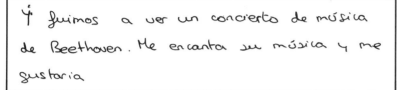
Y fuimos a ver un concierto de música
de Beethoven. Me encanta su música y me
gustaría

b

2 Yolanda

El otro día fuimos a la playa y
perdí mi bolso con las gafas
de sol, el monedero, todo.

c

d

3 Javier

¿Te acuerdas del reloj que
compré cuando estábamos en la
montaña? Pues, se ha roto y dicen
que no pueden arreglarlo.

e

f

E iii**

The phrases below are taken from two separate letters:

a) an apology for being unable to attend the wedding.

b) a 'thank you' letter after the party.

In pairs or groups, make two separate columns, one for each letter, making sure the words and phrases are in the right order.

Que seais muy felices

fue estupendo

Os veré en Londres el día 20 de julio

Me lo pasé muy bien.

ver a tantos amigos de nuevo

el día de nuestra boda

Espero que os haya gustado mi regalo

estar con vosotros

Siento mucho no poder

Espero que mi regalo te haya gustado

en la fiesta

de tu cumpleaños

E iv

What else do you need to add in order to complete the letters?

---

vocabulary E

cumpleaños (m)	birthday
aprobar (un examen)	to pass (an exam)
me encanta la música	I love music
monedero	purse
acordarse	to remember
romperse	to break
arreglar	to repair
boda	wedding
estupendo	fabulous, stupendous
Me lo pasé muy bien	I had a great time
Siento no poder venir	I'm sorry I couldn't come
Espero que os haya gustado mi regalo	I hope you liked my gift

F i

Look at the programme of events and activities for a 'summer camp' for school students in Benicàssim, a resort. Use the information to write a postcard or a letter in Spanish from the camp to a friend. Make sure you include the following:

1 How long you are going to stay.

2 How many people are with you on the camp.

3 The location of the camp.

4 A general account of a typical day.

FECHA	:	20 julio al 5 agosto	
ASISTENTES	:	100 niños/niñas	
ORGANIZACION	:	10 grupos de 10 componentes	
DIRECCION	:	Grupo de Gestión	: Padres de Alumnos
		Director-Coordinador	: Funcionario de cuerpo de Profesores de E.G.G. D. D. Manuel Vela
		Administrador	: Padre de Alumnos
		Monitores	: Profesores de E.G.B., Estudiantes Universitarios
LUGAR	:	Colegio de Santa Agueda en BENICASSIM (Castellón)	
HORARIO	:	Levantarse-footing (9 horas) Aseo personal Desayuno Aseo habitación Playa y actividades mañana Ducha-Comida Descanso, tiempo libre (1 hora) Actividades tarde Merienda Paseo Cena Fiesta infantil	

vocabulary F

levantarse	to get up
footing (*m*)	jogging
aseo personal	washing and dressing
descanso	rest
tiempo libre	free time
merienda	afternoon snack
paseo	a walk
cena	supper

G ¡**

The interview below will give you an idea of the kinds of activities and events that take place in Spanish 'fiestas'. Read it once to find out.

Actos festivos para todas las edades

Algo más de dos millones de pesetas para los días grandes del barrio

—¿Cuál es el presupuesto para estas fiestas y su forma de financiación?

—Tenemos un costo que oscila entre los 2.200.000 y los 2.300.000 pesetas, contando con una aportación del Ayuntamiento de Zaragoza de 550.000 pesetas, de acuerdo con nuestro censo; el resto lo cubrimos como podemos con la colaboración de industriales y comerciantes del barrio de San José.

—¿Qué actividades culturales recoge su programa de fiestas?

—Tenemos las actuaciones de importantes y conocidos cantautores, ludoteca, actuación teatral, proyección de cine, cuadros de jota, etcétera.

—¿Y las actuaciones musicales?

—Hemos previsto hacer seis verbenas populares, a realizar en zonas libres, es decir, en las calles y plazas del barrio.

—¿Qué actos han pensado para los niños de San José?

—Cucañas, chocolatadas, cabezudos, carreras de sacos, dibujo infantil, etcétera. Una programación atractiva para los chicos y chicas del barrio.

—¿Y los ancianos?

—Tenemos previsto hacer un festival de ancianos, petanca, etcétera. También hacemos visitas a las residencias de ancianos de la avenida de San José y de la calle Cartagena.

—¿Qué actos deportivos realizarán?

—Se echa de menos el futbol, pues no tenemos ya un campo en el barrio. Hacemos una importante carrera popular con gran participación y nivel, baloncesto, futbol sala, carrera ciclista con corredores incluso de fuera de nuestra comunidad, en pruebas de juveniles y promoción, con la colaboración del Club Ciclista Ebro.

—¿Cuáles son los festejos de gran participación y nivel popular?

—El concurso de calderetas y ranchos, contando con gran asistencia de público, pues son actos de fraternidad que fomentan la convivencia.

En San José no tienen reinas de fiestas, pues opinan que la belleza de la mujer no puede ser usada en unos festejos. No sé por qué, pero nos consta que los miembros de la Comisión de Festejos del barrio se sentirían muy satisfechos si en este año algunos vecinos ofrecieran su colaboración e ideas para tratar entre todos de hacer esas fiestas que el barrio merece.

Now answer the following:

1 The interviewer asks questions on six of the following seven subjects. Which one does he *not* ask about?

   a) activities for children

   b) the budget

   c) musical acts

   d) cultural activities

   e) religious events

   f) activities for old people

   g) sports activities

2 The cost of organising the 'fiestas' will be between 2,200,000 and 2,300,000 pesetas. Where will this money come from?

3 Which one of the following sports will *not* be included and why not?

   a) a race

   b) basketball

   c) football

   d) cycling

   e) indoor football

4 Find two activities for children, old people and cultural activities.

5 Many towns elect a 'Queen of the Fiestas'. Why will San José not be electing one this year?

vocabulary G

carrera de sacos	sack race
disfraz/disfraces	disguise/fancy dress/mask
concurso de pesca	fishing competition
contable (*m/f*)	accountant
tesorero/a	treasurer
industrial (*m/f*)	industrialist/manufacturer
comerciante (m/f)	trader, shopkeeper
ayuntamiento	town council
barrio	district of a town
subvención (*f*)	subsidy
actuación (*f*)	performance
cantautor	singer-songwriter
plaza	(town) square
anciano/a	old person

El restaurante y el bar

 A i

The signs below show a variety of places you can go for food and drink in Spain. Match the sentences (**a–f**) with the most appropriate eating/drinking places (**1–6**).

Where would you . . . ?

a) reserve a table for a family birthday celebration?

b) have a cheese sandwich?

c) have a set menu while your friend has a sandwich?

d) buy some cakes to take home?

e) have a set menu?

f) buy some chips?

Mention two or three other items from Nos **1**, **2** and **5**.

1 Heladería
Pastelería
Chocolatería

2 Mi Casa
~ Bocadillos
~ Raciones

3 Patatas Fritas

4 Menú del día

5 Bocadillos - Raciones

Menu del día

6 Jardín del Dragón
Comuniones
Cumpleaños
Banquetes
Empresas
Meriendas

A ii

The brochure below is from the Zaragoza tourist office and recommends restaurants in the city. It also indicates the kind of food you will find in each of the recommended restaurants.

RESTAURANTES ZARAGOZA-CAPITAL

IIII	Especialidad
LOS BORRACHOS P.º Sagasta, 64 - Tel. 27 50 36	Caza y pesca Cocina francesa

III	
BAHÍA Doctor Cerrada, 12 - Tel. 21 78 32	Cogotes de merluza con angulas
EL CACHIRULO Ctra. Logroño, s/n. - Tel. 33 16 74	Gastronomia aragonesa
COSTA VASCA Valenzuela, 13 - Tel. 21 73 39	Nueva cocina
EL CISNE Ctra. Madrid, km. 309 - Tel. 33 20 00	Steak Tártara
ROGELIO'S E. Ibarra, 10 - Tel. 35 89 50	Ternasco asado
SAN SIRO Gómez Laguna, s/n. - Tel. 35 89 50	Surtido de patés
VENTA LOS CABALLOS Ctra. Madrid, km. 311 - Tel. 33 23 00	Cocina española

II	
LOS BATURROS Avda. Valencia, 3 - Tel. 35 19 54	Cóctel de jamón
BIENVENIDO P.º Independencia, 28 - Tel. 21 48 33	
LA BODEGA DE CHEMA Latassa, 34 - Tel. 45 50 14	Cabrito asado
LA BRASA Lagasca, 23 - Tel. 21 29 40	Cocina vasco-catalana
CINEGIO Mártires, 7 - Tel. 21 28 17	Gastronomia aragonesa
CASA COLÁS Mártires, 10 - Tel. 21 28 17	Ternasco al horno
CASA EMILIO Avda. Madrid, 5 - Tel. 43 58 39	Cocina casera
CASA MARTÍN Pza. San Francisco, 9 - Tel. 35 48 09	Cocina de mercado
CASA TENA Pza. San Francisco, 6 - Tel. 35 80 22	Almejas con alcachofas
CASINO MERCANTIL Coso, 29 - Tel. 21 93 47	Cocina española
CONSTANCIO Avda. Cataluña, 44 - Tel. 29 11 90	Cocina económica
CRISTINA Ramón y Cajal, 29 - Tel. 44 11 56	Tournedo Cristina
DE MANIN José Pellicer, 7 - Tel. 27 87 31	Cocina española
DON FRANCHESCO P.º Sagasta, 53 - Tel. 37 01 50	Cocina italiana
DUENDE 2 Vía Hispanidad, 71 - Tel. 33 19 96	Paellas
ELÍSEOS P.º Sagasta, 4 - Tel. 22 45 94	Banquetes
LOS ENLACES Vía Hispanidad, 85 - Tel. 33 19 96	Buffet libre
EL CHURRASCO Francisco de Vitoria, 19 - Tel. 22 91 60	Parrillada de carne
J. J. Castelar, 64 - Tel. 49 12 80	Buffet libre
JOSEAN Santa Teresa, 9 - Tel. 45 73 47	Cocina de mercado
EL LEÓN ROJO General Lon Laga, 2 - Tel. 31 49 00	Chuletón de buey a la parrilla
LA MAR Pza. de Aragón, 12 - Tel. 21 22 63	Pescados y mariscos
TXINGUDI Agustín de Quinto, 4 - Tel. 45 74 75	Cocina vasca
VERSALLES P.º M.ª Agustín, 71 - Tel. 43 17 65	Jamón
VICTORIA Tenor Fleta, 22 - Tel. 27 91 55	Cocina experimental

Which restaurants from the list would you recommend to the following people?

1 "Mi comida favorita es la trucha con jamón y las gambas"

2 "No quiero comer mucho, muy poco."

3 "Vamos a comer el plato más famoso de España."

4 "¿Hay un sitio barato? No tengo mucho dinero."

5 "Quiero comer algo original."

6 "Me gusta comer como en casa."

7 "¿Podemos comer comida extranjera?"

8 "Me encanta la carne."

9 "Quiero comer algo típico del país."

10 "Me gusta elegir la cantidad de comida que quiero."

A iii

In a letter to your Spanish friend describe, in Spanish, the different kinds of restaurant in your town. Use phrases like:

"Hay muchos restaurantes chinos. . . ."
"Se puede comer comida italiana. . . ." etc.

vocabulary A

heladería	ice cream parlour
pastelería	cake shop
bocadillo	type of sandwich
ración (f)	portion (of food)
cumpleaños (m)	birthday
merienda	afternoon snack
trucha	trout
jamón (m)	ham
gambas	prawns
extranjero/a	foreign

B i

From the information supplied below by Restaurante Hispanidad, answer the following questions.

RESTAURANTE HISPANIDAD

Especialidad en:

Gran Buffet Libre 800 Ptas.

(Niños hasta 7 años 50°/₀ de Descuento)

Esmerado Servicio a la Carta
Música Ambiental - Salón Climatizado

Platos Combinados
desde 290 pts.

Abierto de 8 mañana a 12 noche

~Jardiel, 3 -:- Teléfonos 21 77 20 - 21 91 64
50003 - ZARAGOZA

---

1 What facilities does the restaurant offer apart from the food?

2 What are the opening hours?

3 Now work out the following problem from the information given.

La familia Suárez está formada por dos adultos y dos niños (Carmen, de seis años, y Alfonso, de nueve años). El Sr Suárez y Carmen prefieren el Buffet Libre. La Sra Suárez y Alfonso quieren el Plato Combinado más barato, ¿Cuánto les costará en total?

B ii

You have to leave a note arranging to meet your Spanish friend in Restaurante Hispanidad. He/she does not know exactly where it is. Use the map to help you. Start your note:

"Te esperaré en el Restaurante Hispanidad. . . ."

 B iii

Now do the same for the Restaurante Figón "El 6" below:

BAR-RESTAURANTE

FIGON " EL 6"

C/ ALAMEDA, 6

MENU 600 PTS.

 B iv**

Some of the items on the menu of Figón "El 6" have been underlined. Sort them into categories: Soups, Vegetables, Salads, Meats, Fish.

MENU DEL DIA

PUEDE ELEGIR UN PLATO DEL 1 AL 17 COMO PRIMERO Y OTRO DEL 18 AL 34 COMO SEGUNDO

— PAN, VINO ó CERVEZA ó AGUA Y POSTRE —

1. Empedrado madrileño (lunes)
2. Fabada (Martes)
3. Paella (Miercoles, Sabados y Domingos)
4. Lentejas Estofadas (Jueves)
5. Pote de garbanzos (Viernes)
6. Sopa de cocido
7. Consome con Yema ó Jerez
8. Sopa de marisco
9. Sopa Castellana
10. Judias verdes con tomate
11. Menestra de verdura
12. Acelgas rehogadas
13. Entremeses variados
14. Macarrones
15. Espaguetis
16. Ensaladilla Rusa
17. Ensalada del tiempo
18. Filete de ternera
19. Filete de ternera al Ajillo
20. Escalope Vienes
21. Albóndigas en salsa
22. Ternera asada en su jugo
23. Chuleta a la plancha
24. Pollo asado
25. Pollo al Ajillo
26. Merluza a la plancha
27. Merluza a la romana
28. Lenguado a la Molinera
29. Calamares a la romana
30. Pescadilla a la romana
31. Riñones al Jerez
32. Hígado encebollado
33. Huevos fritos con lomo
34. Huevos fritos con morcilla

 B v

Which number would you order from the Figón "El 6" menu if you want to eat the following?

1 roast chicken
2 meatballs in sauce
3 grilled chop
4 fried eggs with pork
5 roast veal in its own juices
6 veal with garlic

 B vi

From the instructions given for the game on the opposite page:

1 work out what you have to do.

2 play the game in pairs or groups.

3 what do you get free?

4 what does the slogan mean on the bottom line?

McDonald's Menú McLetras

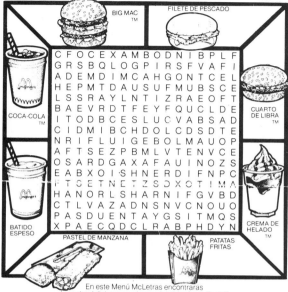

BIG MAC ™	FILETE DE PESCADO

COCA-COLA ™

CUARTO DE LIBRA ™

```
C F O C E X A M B O D N I B P L F
G R S B Q L O G P I R S F V A F I
A D E M D I M C A H G O N T C E L
H E P M T D A U S U F M U B S C E
L S S R A Y L N T I Z R A E O F T
B A E V R D T F E Y F Q U C L D E
I T O D B C E S L U C V A B S A D
C I D M I B C H D O L C D S D T E
N R I F L U I G E B O L M A U O P
A F T S E Z P B M L V T E N V C E
O S A R D G A X A F A U I N O Z S
E A B X O I S H N E R D I F N P C
F T C E T N E T Z S O X O T I M A
H A N O R L S H A R N I F G V B D
C T L V A Z A D N S N V C N O U O
P A S D U E N T A Y G S I T M Q S
X P A E C Q D C L R A B P H D Y N
```

BATIDO ESPESO

CREMA DE HELADO ™

PASTEL DE MANZANA

PATATAS FRITAS

En este Menú McLetras encontraras
los ocho deliciosos productos del "Menú a la Carta"
de McDonald's: **Big Mac, Filete de Pescado, Cuarto de Libra,
Crema de Helado, Patatas Fritas, Coca-Cola,
Batido Espeso y Pastel de Manzana.**
Completa los 8 y, con tu pedido, recibirás ¡GRATIS!
unas deliciosas patatas fritas o tu bebida favorita.

Quien importa eres tú.

👁 C i

Below and on page 46 you will see advertisements for
five restaurants.

1 Three of the restaurants offer you something extra
   free. One of them offers you **two** things. Which
   ones are they and what do they offer?

2 At which restaurant can you eat outside?

3 Which restaurant has paella on the menu every day
   but not at the weekend?

4 Which restaurant specialises in big groups?

Restaurant Can Solà del Pla, en un esfuerzo culinario
de colaboración con este evento se complace en ofrecerle un

Menú Gastronómico Especial
Invitarle al Champagne "Anna" de Codorniu
de toda la Cena.

Le esperamos hasta el 16 de Junio de 1984.
(Excepto domingos, lunes y martes.)

Restaurante Can Solà del Pla
C/. Pla de Sant Llorenç, s/n. - Tel. 787 08 07
Matadepera

A

---

vocabulary B

plato combinado	a complete meal on one plate
climatizado	air-conditioned
judías (verdes)	(green) beans
menestra	mixed vegetables (fried)
filete (m)	fillet/fine cut
ternera	veal
albóndigas	meatballs
(carne) asada	roast (meat)
chuleta (de lomo)	(a pork) chop
pollo	chicken
merluza	hake
lenguado	sole
calamares (m)	squid
riñones (m)	kidneys

Jamón y Lomo de Jabugo
Queso Manchego y de Cabra
Chorizo de Salamanca
Mojama de Atún

Taberna Andaluza
"El Farolillo"

TODOS LOS DIAS 7'30
INVITAMOS A LOS
'PAELLA'

General Oraé, 16
28003 MADRID

B

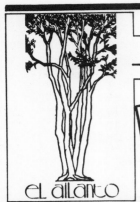

restaurante **EL AILANTO**

jardin privado

el ailanto

ESTE VERANO... DEBAJO DE UN AILANTO.
Restaurante el Ailanto, el marco ideal para comer y cenar al aire libre en un jardín maravilloso con una cocina cuidada y un servicio esmerado.
RESTAURANTE EL AILANTO... COMO DE VACACIONES.
También tenemos a su servicio nuestros comedores climatizados.
Permanecemos abiertos todo el año, excepto domingos.

C/ La Milagrosa, 20 - frente Hospital Clínico.
Tel.: 56 13 07 - Reservas anticipadas.

C

El Restaurante
flunch
Ctra. de Logroño, Km. 12 • Tel. 77 32 64 • UTEBO • CENTRO COMERCIAL ALCAMPO

PAELLA
(DE LUNES A VIERNES)
275ptas.

POLLO CON GUARNICION
295 ptas.

FRESAS CON CHANTILLY
...tas.

VALE
...0 ptas.
...AR DE SU
...O CENA
...TE CUPON

[Handwritten note:] P.41 - copy × 18. P.43 + more questions. wordsearch for food vocab - general. P.45 copy.

Bar - Mesón ★ Restaurante

LOS TRES ARCOS

BODAS - BAUTIZOS - COMUNIONES - REUNIONES
Especialidades a la Brasa ★ **Capacidad 130 personas**
Menú diario **370 Pts.** (IVA incluido)
Melilla, s/n. - Teléfono 37 48 26 - 50007-ZARAGOZA

E

✎ **C   iii****

Now write a similar sentence about one or two of the other restaurants in **C i**. Ask your classmates to guess which one you have written about. Don't make the clues too easy.

...isit to
...Which one
...ante y cenamos muy bien.
Aa... on una botella de champán gratis."

vocabulary C

gratis	free
degustar	to taste
vale (*m*), cupón (*m*)	voucher

46

D i

The ingredients for 'paella', 'tortilla de patata' and 'ensalada mixta' are shown altogether below. Read the list of ingredients for each dish and match them with the pictures.

 D ii

Do you know any recipes (or ingredients) for some of the dishes you eat at home? Write down the ingredients in Spanish. Exchange them with other members of the class. Can you guess the meal?

vocabulary D

huevo	egg
lechuga	lettuce
arroz (m)	rice
cebolla	onion
pimiento	a pepper
pepino	cucumber
taza	cup
mariscos	shellfish/seafood
guisantes (m)	peas
ensalada	salad
vinagre (m)	vinegar
sal (f)	salt
pimienta	pepper

 E i

In the section from a young people's magazine below and on page 48, readers are invited to supply details about themselves and their sporting activities along with details of their diet. The magazine then gives advice on their diet.

Look at the information for Miguel Angel, Andrés, and Felipe, and then answer the following questions.

Tortilla de patata (6 personas). Ingredientes: 8 huevos, 1 kg de patatas, 2 vasos de aceite, sal. (A veces se añade cebolla.)

Paella (6 personas). Ingredientes: ¾ vaso de aceite, 2 tazas de arroz, 4 tazas de agua, ¼ kg gambas, (y otros mariscos), 1 lata de guisantes, cebolla.

Ensalada mixta (6 personas). Ingredientes: 1 lechuga, 1 cebolla grande, tomates, olivas, pimiento (rojo), aceite, vinagre, sal.

FICHA

Nombre o seudónimo: Miguel Angel Manso Gaytán.
Edad y sexo: 20 años. Varón.
Peso y estatura: 72 kg. 1.79 m.
Actividad deportiva: Rugby: partidos los fines de semana, tres días de entrenamiento y algún día suelto preparación física personal.

DIETA QUE NOS ENVIA

(las cantidades se especifican en la evaluación)

Desayuno: Vaso de zumo de naranja, tostadas con mantequilla y mermelada.
Media mañana: Pequeño bocadillo de embutido con una cerveza.
Comida: Patatas fritas, filete de ternera, queso, pan y naranjas.
Cena: Tortilla de dos huevos con abundante queso, pan y yogur con azúcar.

COMENTARIO

Amigo Miguel Angel:
Creo que te sobra algún kilo, pero si estás musculando y juegas al rugby puedes estar en tu peso.
Tu dieta es claramente incorrecta porque te excedes en grasas (42,9 por 100) cuando no deberías sobrepasar un 32-35 por 100. Consecuencia: quítate la mantequilla, evita los «fritos» en lo posible.

FICHA

Nombre o seudónimo: Andrés Barro Parga.
Edad y sexo: 13 años. Varón.
Peso y estatura: 40 kg. 1,51 m.
Actividad deportiva: Invierno: entrenamiento diario de atletismo, excepto sábados y domingos, y entrenamiento de fútbol dos días a la semana. Competiciones tanto de atletismo como de fútbol. Descanso en verano.

DIETA QUE NOS ENVIA

(las cantidades se especifican en la evaluación)

Desayuno: Pan con leche.
Comida: Sopa o caldo gallego o espaguetis, carne o pescado y fruta variada (verdura en verano).
Merienda: Bocadillo de jamón o fiambre. Yogur, plátano y chocolate.
Cena: Pan con leche.

COMENTARIO

Amigo Andrés:
En verano no se debe descansar entrenando como lo haces en otra época del año. Deberías practicar, como mínimo, algún plan aeróbico (nadar, correr, bicicleta). Tu dieta está bastante bien equilibrada. Te pasas un poquito con las grasas. Si en tu casa evitaran los fritos se solucionaría tu pequeño problema. Evitar los fritos no quiere decir suprimirlos para siempre, sino tener cuidado de no prodigarlos.

FICHA

Nombre o seudónimo: Felipe Hernández Hernández.
Edad y sexo: 19 años. Varón.
Peso y estatura: 72 kg. 1,87 m.
Actividad deportiva: Baloncesto. Cuatro entrenamientos por semana de dos horas de duración. Las semanas de competición tres entrenamientos y el partido. Camina entre 4 y 5 km diarios.

DIETA QUE NOS ENVIA

(las cantidades se especifican en la evaluación)

Desayuno: Leche, azúcar, donut.
Comida: Patatas fritas, pollo empanado y con queso. Plátano.
Merienda: Leche con azúcar y pastel de chocolate.
Cena: Huevo frito con pan.

COMENTARIO

Amigo Felipe:
Posiblemente te falta algo de peso (2-3 kg). Las calorías que consumes son suficientes incluso para que aumentes de peso. ¿Quizá te falta musculación?
La proporción de tu dieta no es buena. Consumes exceso de grasas y te faltan hidratos de carbono. Deberías comer más pan y cereales. Reducirías las grasas evitando los alimentos «fritos». ¡Fíjate la cantidad de grasas que contienen las patatas fritas!

1 Who is underweight?

2 Who is the youngest?

3 Who doesn't play sport in the summer?

4 Who walks every day?

5 Who is a little overweight?

6 Who is the tallest?

7 What are the three ball games mentioned?

8 They all get some of the same advice about their diet. What is it?

9 Two of them have something in common. What?

10 He doesn't have a snack in the afternoon.

 E ii

Write your own details, following the pattern of the magazine.

 E iii**

Exchange your details with those of the other members of your group and respond with some written advice Use **E i** to help you.

vocabulary E

grasas	fats
mantequilla	butter
entrenar	to train
deberías practicar	you should practise
equilibrado/a	balanced
pasarse (No te pases)	to overdo (Don't overdo it)
evitar	to avoid
fritos	fried food
sobrar peso (Te sobra peso)	to be overweight (You are overweight)
faltar (Te falta peso)	to lack (You are underweight)
hidratos de carbono	carbohydrates

 F i**

On the opposite page you will see an account of how the biggest 'paella' in the world was made. Read the article once to find out the following:

1 The name of the man who had the idea.

2 The name of the cook.

3 The name of the champagne company.

4 The name of the place where the paella was made.

Paella para el «Guinnes»

Cocinada en Playa de Aro, ha sido la más grande del mundo

Playa de Aro (Gerona). **Efe**

Seis toneladas de arroz y 12.000 litros de agua se utilizaron ayer en Playa de Aro (Gerona) para cocinar la paella más grande del mundo, de la que comieron unas 60.000 personas. **Albert Valeito** fue el padre de la idea y **Josep Grugues «Papitu»**, el cocinero de la colosal paella que se cocinó ayer en el Parc de L'Estany, en una explanada de más de 2.000 metros cuadrados de superficie.

Para su cocción se utilizó una paellera que pesaba 12 toneladas y media 16 metros de diámetro, y que llegó a Playa de Aro en tres «containers», siendo montada, soldada y pulida por un equipo de la antigua escuela de la calderería catalana.

Los ingredientes fueron seis toneladas de arroz; doce toneladas de agua, que podían aumentar según como fuese evolucionando la paella; tres toneladas de carne, conejo, pollo, cerdo y ternera; dos toneladas de mejillones y una y media de marisco, almejas y cangrejos, explicó **Valeito.** Asimismo se utilizaron 2.000 kilos de tomate, 1.000 kilos de guisantes, 1.500 kilos de pimientos, 1.000 kilos de cebollas, 300 kilos de sal, 200 kilos de ajos, 500 litros de aceite y 20 kilos d e azafrán.

Para realizar todo el trabajo fueron necesarios unos sesenta cocineros y 200 voluntarios que ayudaron a servir los 60.000 platos de arroz en raciones de cuatrocientos gramos. La paella se cocinó a la brasa, con 6.000 toneladas de madera, y junto con el plato de arroz se sirvió una rebanada de pan de «ayes».

Regada con champaña

El acto fue patrocinado por la firma de cava Raventós Casasus, que, además de pagar todos los ingredientes de la paella, puso a disposición de los comensales 30.000 botellas de champaña, que llegaron a Playa de Aro en camiones frigoríficos para que pudiera ser degustado a su temperatura ideal.

Anteayer salieron de Barcelona doce camiones, que trasladaron a Playa de Aro los ingredientes de la paella, que fueron todos autóctonos. El arroz, los mejillones, el marisco y las hortalizas eran del Delta del Ebro; la carne, de Gerona; el aceite, de Les Borges Blancas, y la sal, del Pirineo.

Albert Valeito explicó que decidieron hacer esta paella descomunal **«para romper todos los tabúes y batir todos los récords»**, y añadió: **«Somos amantes de hacer cosas difíciles».** Los organizadores explicaron que un equipo del libro «Guinness» se desplazó a Playa de Aro para tomar acta del récord, que fue presenciado por millares de personas.

 F ii**

Now make a list of the ingredients and quantities in English from the information in the article.

 F iii**

I What is the significance of the following numbers?

a) 60,000

b) 2,000

c) 12

d) 16

e) 3

f) 200

g) 6,000

h) 30,000

i) 60

2 ** What interesting points can you find out about

a) the champagne?

b) all the ingredients for the paella?

3 ** Albert Valeito explains why they did it. Why?

vocabulary F

tonelada	ton
conejo	rabbit
cerdo	pig
mejillones (m)	mussels
mariscos	sea food
ajo	garlic
azafrán (m)	saffron
madera	wood
camión (m)	lorry
batir un record	to break a record

 G i**

Here is a short quiz to test your knowledge of the history of hamburgers. The questions are in Spanish. Form small teams and choose what you think are the correct answers before looking at the article that follows.

1 ¿Cómo se llamaba el hombre que tuvo la idea de comida rápida ('fast food')?

   a) King **b)** McDonald **c)** Kroc

2 El primer restaurante de comida rápida se abrió en el año:

   a) 1955 **b)** 1960 **c)** 1968

3 Este restaurante se abrió en:

   a) California **b)** Texas **c)** Illinois

4 El primer restaurante de comida rápida en España se abrió en el año

   a) 1980 **b)** 1975 **c)** 1981

5 Se llamaba

   a) Burger King **b)** Wendy **c)** McDonald's

6 Se encuentran restaurantes de este tipo en:

   a) 31 paises **b)** 45 **c)** 49

 G ii**

Compare your answers with those of the other teams.
   Now read the article to confirm or correct your answers.

Ritos alimenticios de los 80
FAST FOOD & TAKE AWAY

Los colosos americanos

Como el más puro ejemplo del mito americano, Ray A. Kroc, humilde distribuidor de una máquina que podía preparar cinco batidos a la vez, tuvo una idea brillante: consiguió de los propietarios de un restaurante de California la exclusiva de expandir su negocio. En 1955 abre las puertas de su primer restaurante de comida rápida en Illinois; en 1968 se abría el restaurante número 1.000.

   Actualmente abarca los 50 estados de Estados Unidos y 31 países, y se ha abierto el restaurante número 8.000. El primero

en España se abrió en la Gran Vía madrileña en 1981. Por aquel entonces ya se calculaba que se habían vendido unos 45 mil millones de hamburguesas, o sea, 10 por cada habitante de la Tierra. ¡Con la seguridad de apreciar el mismo sabor en cualquier parte del mundo, desde Texas a Hong Kong! Hace unos meses se sirvió la hamburguesa 50 mil millones: todas ellas juntas, una al lado de otra, darían la vuelta a la Tierra 129 veces.

   El otro gran coloso del *fast food* americano, Burger King, nacido por las mismas fechas, no sólo cuenta hoy con aproximadamente 4.000 locales en todo el

mundo, sino que se calcula que abre un nuevo restaurante cada día. Su primer restaurante en Europa fue el que abrió en la calle Princesa de Madrid en 1975. Actualmente, sólo en sus 20 locales en España se consumen 60.000 porciones de carne de hamburguesa anuales, más de 6.000 kilos de productos de huerta (lechugas, cebollas y tomates), más de 60.000 panecillos y 100.000 refrescos.

   El último en nacer, Wendy, cuenta sólo con cinco años de vida y se está desarrollando al vertiginoso ritmo que marcan los tiempos.

Transporte público

 A i En la estación

In most railway stations you will find signs for shops, services, and general information like those shown below.

a) | ARTICULOS REGALO |

b) | ALQUILER DE COCHES |

c) | SERVICIO SANITARIO |

d) | CONSIGNA |

e) | OFICINA MUNICIPAL DE TURISMO |

f) | COMISARIA |

g) | SERVICIOS |

h) | VIA |

i) | SALIDA |

Indicate which one you will use for each of the following:

1 To report a theft on the train.

2 To see a doctor.

3 To leave the station.

4 To buy a present for a friend.

5 To find the platform.

6 To use the public conveniences.

7 To hire a car.

8 To find out about hotels in the area.

9 To leave your luggage.

 A ii

On the door of the 'Oficina de Turismo' you see this message:

CERRADO POR REFORMAS
(HASTA EL 1 DE JULIO)
SEGUIMOS INFORMANDOLE
EN LA OFICINA DE LA
PLAZA DEL PILAR.

DISCULPEN LAS MOLESTIAS

1 Why can't you go in?

2 Can you get information from another office?

3 How do they finish the message?

 A iii

The Spanish rail company, RENFE, offer bargain travel schemes for different groups. Look at the details on page 52 and choose the right service for the following:

1 Travelling in a group.

2 A cheap return ticket.

3 Family travel.

4 Taking a car.

5 Making a booking for older people.

6 Travelling on your own or with friends with a youth card.

Viajar en familia cuesta menos.

a

Viajar siendo joven cuesta la mitad.

b

Salga del tren en coche.

c

Después de los 60 las ventajas son mayores.

d

Para ir y volver con ventajas.

e

Más y mejor.

f

 A iv

1 Match the four texts below and opposite with the appropriate four headings from the six in **A iii**.

2 ** In small groups, choose one RENFE offer for each group. Read and discuss it together. Now change groups and exchange information.

I

Con la Tarjeta Familiar de Renfe, siempre que su familia conste de 3 personas como mínimo. Viajando en Días Azules obtendrá el 50% de descuento para los adultos (excepto el titular) y el 75% para sus hijos si tienen entre 4 y 11 años*. La Tarjeta Familiar la puede adquirir por 105 Ptas. en las taquillas de Renfe o en cualquier Agencia de Viajes.

Si tienes entre 12 y 26 años, puedes viajar con RENFE
exactamente por la mitad. En "Días Azules" y por
todo el país.
En recorridos de 100 Kms., como mínimo, o de 200 Kms.
si tu viaje es de ida y vuelta.
La Tarjeta Joven la puedes adquirir en cualquier
taquilla de Renfe y es válida del
1 de Mayo al 31 de Diciembre.
Sólo tienes que presentar tu D.N.I. u otro documento
oficial que acredite tu edad.
Renfe te regala con tu Tarjeta un recorrido gratis en litera,
utilizable conjuntamente con tu billete de 50%*.

2

Viajando más personas, el viaje le sale mejor.
En trenes Expresos, Rápidos o de Cercanías.
Con recorridos mínimos de 50 Kms. o de 100 Kms. para
ida y vuelta.
Solicite los billetes con al menos 24 horas de antelación
a la fecha de viaje y podrá conseguir, a partir
de 10 personas, descuentos de hasta el 30%*.

3

Si es usted de los que va de aquí para allá
y otra vez aquí, Renfe le propone que viaje con el 20%
de descuento.
Por descontado, en Días Azules. En todo tipo de trenes
y clases para recorridos superiores a 200 Kms.
Si su viaje es de cercanías, inferior a 100 Kms., en el total
de ida y vuelta puede usted beneficiarse de un
25% de descuento durante todos los días del año,
excepto sábados y festivos, realizando la vuelta
en la misma fecha que la ida.

4

Signos y abreviaturas

• Días o períodos de circulación

①.. ⑦	Lunes...Domingo
✠	Domingos y días de fiesta.
✗	Todos los días, excepto los domingos y festivos.

• Composición de los trenes

1, 2	1ª y 2ª clase.
⊷	Coche-literas.
⊯	Coche-camas.
✕	Tren con servicio de restaurante.
⬤	Tren con servicio de cafetería.
⊻	Tren con servicio de bar o minibar.
⬭	Plazas sentadas.
v	Tren con servicio de vídeo.

• Otros signos

○	Llegada.
A	Suplemento tren cualificado tipo A, B, C, D, E.
¦	El tren no circula por ese tramo.
│	El tren no para en ese tramo o estación.
1	Llamada remitiendo a pie de página.
⌂	Estación fronteriza.
R, E	Rápido, Expreso.
I, C	Interurbano, Cercanías
UT	Unidad de tren.
A, ★	Automotor, Estrella.
EC	Eurocity. Tren europeo de calidad.

Arrival

This train doesn't go this way

Seats

Local train

The train doesn't stop at this station

Every day except Sundays and holidays

A station at the border

Monday to Sunday service

  A v

The following is a key to symbols which goes with a
RENFE timetable. From the information, match the
symbols with the English explanations which follow.

vocabulary A

artículos regalo	gift items
alquiler de coches (*m*)	car hire
servicio sanitario	health service
consigna	left luggage office
comisaría	police station
servicios	toilets
vía	platform
salida (de tren)	departure (of a train)
reformas	improvements (to a building)
disculpar	to forgive
mitad (*f*)	half
(billete de) ida y vuelta (*m*)	a return (ticket)
llegada	arrival
cercanías	local trains

1 Which window do you go to if you are buying a ticket, in cash, for next week?

2 Why can't you go to the other windows?

3 In Windows **A** and **C** they ask you to do a number of things. What are they?

 B ii

The following is a copy of your train ticket. Check it. There are things wrong on it. What are they?

You asked for a second-class TER ticket from Huelva to Córdoba for 14th March in a non-smoking carriage, to leave late afternoon.

 B i

In the station ticket-office there are windows for passengers to buy different kinds of tickets. Read the signs below, then answer the questions which follow:

A

VENTA INMEDIATA

La venta cesa 5 minutos antes de la hora de salida del tren.
Rogamos compruebe los datos de su billete antes de retirarse de esta taquilla. Gracias.

B

VENTA EXCLUSIVA

PARA AGENCIAS DE VIAJES.

C

VENTA ANTICIPADA

Pague como quiera. Cesa 15 minutos antes de la salida del tren de origen.
Al solicitar el billete rogamos indique la forma de pago — metálico/chequetren/tarjeta de crédito; y si tiene alguna reducción. Gracias.

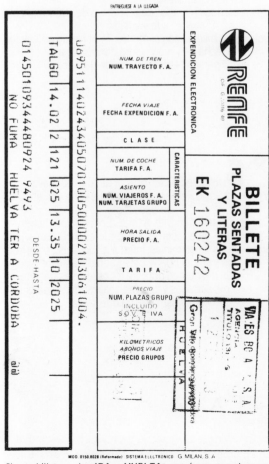

MOD. 0150.8028 (Reformada) SISTEMA ELECTRONICO. G. MILAN. S. A

Si este billete es de «**IDA y VUELTA**» consérvese para el regreso

B iii

Look at this message

Llegaré a Córdoba el día catorce a las cuatro y media de la tarde en el Talgo. ¿Puedes esperarme en la estación?

The message is from the person who bought the ticket shown in Bii. She is writing to the friend she is going to visit.

1 What is the message?

2 Write similar messages in Spanish giving the following information:

   a) Barcelona (Sans) station, TALGO, 14th September, 3 pm. Can you meet me?

   b) Madrid Barajas airport, 26th November, 6 pm. Will telephone on arrival.

   c) Zaragoza, Plaza España, coach, 3rd May, 5 pm. Will get a taxi to your house.

   d) San Sebastián, 13th January, some time in the afternoon, car. Please send me your address and a map.

   e) Sevilla, some time during the last week in August, hitch-hiking, will telephone on arrival.

 B iv

The following is an account of video facilities available on the TALGO trains. Answer the questions.

1 Name three types of programme shown.

2 How do you hear the soundtrack?

3 What two benefits are described?

Viaje en un tren de película.

Si le gusta viajar en Talgo tendrá un viaje de película. Porque todos los trenes Talgo tienen instalado un sistema de vídeo en todos sus coches.

Así usted y su familia podrán entretenerse con una programación de primera: películas aptas para todos los públicos, documentales y los informativos de TVE.

El sonido se transmite a través de unos auriculares que podrá usted solicitar al empleado del Talgo que viaja en el tren. Con nuestros vídeos se lo pasarán en grande. Y se les pasará el viaje en un momento.

 B v**

Read the instructions given below for the video show and answer the questions.

INSTRUCCIONES

—Adosado al brazo de su asiento lleva Vd. la unidad receptora de sonido.

—El precio del alquiler de los auriculares, que le proporcionará el agente de Talgo, es de 200 pesetas. Este alquiler es válido exclusivamente el día de su adquisición.

—Se ruega tengan el dinero preparado y a ser posible cantidades exactas.

—Cuando alquile sus auriculares, por favor exija ticket de comprobación y consérvelo hasta el final del viaje.

—Al entregarle los auriculares, el agente le conectará la unidad receptora. Cuando comience la emisión conecte su auricular y regule el volumen del sonido.

—Les rogamos que para cualquier sugerencia o reclamación se dirijan a COMFERSA, P.º de la Castellana, 91 - 28046 MADRID - Tel.: 456 53 24.

(Para anunciarse en el medio. MADRID - Tel.: 411 35 94)

1 Where can you plug in the headphones?

2 How much does it cost to hire the headphones?

3 How should you pay?

4 What do you have to keep until the end of the journey?

5 What do you have to do when the show starts?

 C i

The trains in Spain don't always run on time, as you will see from this letter to a newspaper by passengers stuck on a train. Look at the incomplete sentences first, read the letter and then fill in the blanks.

1 _____ people have signed the letter.

2 They are in a place called _____ at the moment.

3 They are travelling from _____ to _____.

4 The train is due in at _____.

5 It left _____ at _____.

6 The train has no _____, no _____ and no _____.

7 It is already _____ late.

8 The weather is very _____.

9 They are angry because _____.

10 They want the responsible authorities to _____.

---

vocabulary B

datos	information, details (on ticket)
taquilla	ticket office window
agencia de viaje	travel agency
tarjeta de crédito	credit card
fumar	to smoke
buscar (a alguien)	to meet (someone) [at a station]
coger un taxi	to take a taxi
enviar	to send
hacer autostop	to hitchhike
al llegar	on arrival/when I arrive
entretenerse	to entertain oneself
sonido	sound
auriculares (m)	headphones
brazo	arm
asiento	seat

Carta al ministro de Transportes y Comunicaciones

Las maravillas de la RENFE

— Alejandro José María MIER PEREZ
(Siguen cincuenta y tres firmas)

SOMOS un grupo de ciudadanos que estamos metidos en un tren de RENFE el día 16 de julio, que hace el recorrido Madrid-Santander, con salida de la capital de España a las 17,10 horas y llegada programada a Santander a las 23,40 horas.

Son las 20,10 horas y el tren, que no tiene agua, ni aire acondicionado, ni recipientes donde poder depositar la basura, se acaba de parar en una estación demidesierta que se llama Velayos, a la plena testera de un sol inaguantable, por una avería de este tren tercermundista, esperando a ver si nos mandan de otra estación un nuevo convoy o una máquina para ver si podemos seguir adelante y llegar al destino a una hora que no sabemos cuál será, pero bien seguro que no será la prevista, después de padecer continuas paradas por el camino y en pleno campo entre estaciones, llegando por fin aquí, donde estamos, con una hora y diez minutos de retraso.

Es increíble que suceda esto en la España actual, cuando se está haciendo constantemente publicidad a los medios de comunicación de las «maravillas» de la RENFE. Menos mentiras.

Dicen que si se ha roto la máquina. Tampoco hay en el convoy personal cualificado para estos «imprevistos».

Los pasajeros están malhumorados, cansados, disgustados, protestando una y mil veces; nos vemos impotentes y decidimos escribir públicamente para que se entere usted, seños ministro, para que se entere la dirección de

RENFE, para que se enteren los ciudadanos todos, y sobre todo para que las autoridades responsables hablen menos y actúen más.

C ii**

Using the information from your completed sentences, imagine you are one of the passengers on the train and write a letter to a Spanish friend describing the journey. Don't forget to use the past tense. Begin as follows:

"El viaje fue horrible . . ."

 C iii

Now write similar letters using the following information.

1 Barcelona—London. Coach. Snow in France. Road blocked. 10 hours stuck in a small town. Bus broke down near Calais—3 hours delay. No heating in bus. Arrived Dover 3 am.

2 Madrid—Malaga. Car. Lots of traffic. Long queues. Car broke down. Wait three hours for breakdown vehicle. Hotel overnight. Noisy. Car repair expensive. Arrived next day tired.

3 Now make up more 'nightmare journey' descriptions.

vocabulary C

acabar de (hacer algo)	to have just (done something)
avería	breakdown, fault
parada	stop (bus/train)
(llevar) una hora de retraso	(to be) delayed an hour
autocar (*m*)	coach
nieve (*f*)	snow
nevar	to snow
cerrar	to close
estropearse/averiarse	to break down
calefacción (*f*)	heating
ruido	noise
ruidoso/a	noisy

D i **En el autobús**

Below are some examples of information, announcements, and warnings found inside local Spanish buses.

1
> EL TABACO ES PERJUDICIAL
> PARA SU SALUD.
> POR RESPETO A LOS DEMAS
> NO FUME EN EL AUTOBUS.

2
> EL TRANSPORTE COLECTIVO
> AHORRA ENERGIA. GRACIAS
> POR USARLO.

3
> SE PROHIBE HABLAR AL
> CONDUCTOR

4
> PROHIBIDO SUBIR O APEARSE
> EN MARCHA.

Now match the three pictures to three of the signs.

What does the other sign mean?

E i

While you are staying in Madrid, you plan to take some coach trips to nearby towns and regions. Write a letter to the Madrid tourist-office asking if they can send you information.

You need a map of the area, bus and train timetables, brochures for monuments and other places of touristic interest and a detailed map of the city, plus anything else you think you might need.

 E ii

Some of the timetables and information you receive are shown below. Find the following information.

```
MADRID-TOLEDO - Empresa "Galiano"
Salida de la calle CANARIAS, 17, Estación Sur Autobuses
Metro PALOS DE MOGUER.            Tel. 227-62-17
Días Laborables:
DESDE MADRID:   11,00 12,00 18,30 19,30 20,50 22,00
DESDE TOLEDO:    7,00  8,00  9,00 13,15 14,30 20,15
Días festivos:
DESDE MADRID: 10,30 12,00 18,30 19,30 20,50 22,00 23,00
DESDE TOLEDO:  7,00  8,00  9,00 13,15 14,30 17,00 20,15
                                  Recorrido: 1,15h
```

```
MADRID-ALCALA DE HENARES - 31km."Continental Auto"
Salida de la AV. DE AMERICA, 18.  Tel. 246-23-07
Metro AMERICA.
Días laborables:
DESDE MADRID:    De 6,15 a 23,00 cada 15 minutos
DESDE ALCALA:    De 6,15 a 23,00 cada 15 minutos
Días festivos:
DESDE MADRID:    De 7,30 a 10, cada ½h. y de 10 a 23 cada
                                          20 minutos.
DESDE ALCALA:    "   "   "   "   "    "  " " """ " "
                                  Recorrido: 0,30h.
```

```
MADRID-CUENCA - 165km. Empresa "Auto Res"
Salida de la PLAZA CONDE DE CASAL, 6.  Tel. 251-66-44
Metro CONDE DE CASAL .
Diario
DESDE MADRID:   8,00 14,30 (16,30) 18,30
DESDE CUENCA:   8,00 (10,30) 14,30 18,30
                (...) SOLO LABORABLES
                                  Recorrido: 4,30h.
```

```
MADRID-GUADELUPE - 232km. Empresa "Doaldi"
Salida de la calle CANARIAS, 17.  Tel 468-76-80
Metro PALOS DE MOGUER.  Estación Sur de Autobuses.
Días laborables:
DESDE MADRID:    8,00 15,00
DESDE GUADELUPE: 6,30 9,00 15,15
Días festivos:
DESDE MADRID:    8,00 15,00
DESDE GUADELUPE: 15,15
                                  Recorrido: 4,30h.
```

```
MADRID-LA GRANJA - 77km. Empresa "La Sepulvedana"
Salida del Pº DE LA FLORIDA, 11.  Tel. 247-52-61
Metro NORTE.
Domingos y fsetivos:
DESDE MADRID:    9,00
DESDE LA GRANJA: 19,00
                                  Recorrido 1,30h.
```

1   El recorrido más largo.

2   El recorrido más corto.

3   La distancia de Madrid a La Granja.

4   A dónde no hay autobuses los días laborables.

5   La estación de Metro más cercana a la Calle Canarias.

6   A dónde hay mayor número de autobuses en un día.

7   A qué estación de autobuses vas si tomas el Metro Norte.

8   Cada cuántos minutos hay autobuses desde Madrid a Alcalá de Henares los lunes.

9   La distancia de Madrid a Cuenca.

10 En qué calle está la empresa Galiano.

vocabulary E

días laborales (m)	working days
diario	daily
velocidad (f)	speed
longitud (f)	length
capacidad (f)	capacity
pantalla	screen

F i **En el avión**

Below you will see some selections from the IBERIA
inflight magazine. Match each one with the appropriate
picture.

1

2

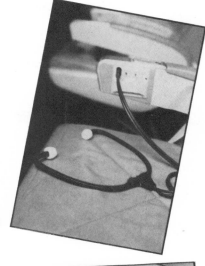

3

4

5

6

7

a) El avanzado diseño de las butacas instaladas en
GRAN CLASE permite posiciones de
extraordinaria comodidad para el reposo durante
los vuelos de larga duración.

b) Por razones de seguridad y comodidad a bordo,
nos vemos obligados a limitar el equipaje de mano
de nuestros pasajeros.

c) En los vuelos internacionales les ponemos a su
disposición prensa española y extranjera.

d) En las páginas 14 y 15 de esta revista encontrará.
Vd. una completa guía de nuestro repertorio

musical distribuido en ocho canales.

e) Nuestra Tripulación Auxiliar le proporcionará
almohadas y mantas especialmente diseñadas para
hacer más confortable su descanso nocturno.

f) En todos nuestros vuelos europeos y
transcontinentales, los pasajeros pueden adquirir
los artículos de la tienda libre de impuestos de a
bordo a precios muy atractivos.

g) De acuerdo con la normativa internacional, está
prohibido el uso de aparatos de radio y televisión
portátiles.

F ii**

In the following interview with a Spanish air traffic controller, you will see first the questions the interviewer asked. These are in order. Link them with the matching answers from the controller.

CATALUNYA
JUAN MARIA GARCIA GIL, EL «DUEÑO» DEL CIELO ESPAÑOL

Juan María García Gil, 42 años, signo Virgo (eminentemente de tierra), casado y con una hija de 13 años, es el líder de los controladores catalanes. Representa a un puñado de trabajadores que puede paralizar el cielo español y parte del europeo.

Tiene un viejo *Ford Granada* comprado de ocasión hace años y ha obligado a toda una Administración del Estado a sentarse en una mesa y a firmar unos acuerdos que benefician al grupo de trabajadores a los que él representa.

«Los controladores sólo usamos una mínima parte de nuestro poder»

Por MARCELO APARICIO / Fotos: MARIA JOSE RASERO

—¿Cuál es la función de un controlador aéreo?

—¿Cuánto cobra un controlador?

—¿Es usted consciente de que sus huelgas son impopulares?

—Brindar al tráfico aéreo orden, fluidez y seguridad. Ahora quieren que proporcionemos economía a las compañías, lo cual me parece una barbaridad, sobre todo con un reglamento que tiene que ser aprobado por ley. Ya al preocuparnos por dar fluidez estamos recortando maniobras para que los aviones economicen movimientos y los despegues sean menos lentos.

—¿Yo poderoso? ¿Qué dice? Soy un profesional y represento·los intereses de mis colegas. Debo intentar representar bien a mis asociados, pero de poderoso nada. Y por más que me lo digan, no lo creería nunca.

—Cuando ve las fotos de la gente con niños y ensaimadas tirados por el suelo del aeropuerto, ¿qué piensa?

—¿Y tampoco piensa que el turismo es la industria principal de España?

—El año pasado se desconvocó la huelga del veintinueve de agosto porque se consideró este aspecto. Hay mucha pequeña y mediana empresa turística que se perjudica. Lo que pasa es que en toda huelga pagan justos por pecadores. Lo que no podemos hacer es pensar constantemente en los demás. Llevamos doce años intentando que se arreglen los problemas y aún no lo hemos logrado.

—Sí, pero ¿de qué nos sirve entonces?

—Siento una pena profunda, muy profunda.

—¿Y no se puede hacer huelga en otra época del año?

—¿Usted es consciente de su poder, de que hace sentar a la Administración a negociar y de que hace también que un conseller se ofrezca como mediador?

—Quitando la antigüedad, exceptuando las diferencias entre torres de control y teniendo en cuenta que Barcelona es uno de los más altos, de primera categoría, se está ganando aquí una media de ciento sesenta y cinco mil pesetas netas al mes.

—Por supuesto que sí, como cualquier otra huelga de servicios públicos. La gente está convencida de que nos encanta hacer huelga y es precisamente lo contrario. Además, cuando hacemos huelga, nos perjudicamos.

 F iii**

What does Juan María García Gil say about:

1 the pay of air traffic controllers?

2 the unpopularity of the strikes?

3 going on strike and his feelings for the people who suffer?

4 the Spanish tourist industry?

5 going on strike at a different time of year?

F iv**

Write a letter of complaint to a newspaper about the air traffic controllers describing delays you suffered at an airport because of the industrial action.

You had to wait 6 hours, there was nowhere to sit. There was nowhere to have coffee or to eat and nowhere for children to play. The airport gave you no information about your flight so you didn't know how long you would have to wait.

 F v**

Read the information given in the report of an air crash below, then copy out and complete the following grid.

1   Type of aircraft: _____

2   Company: _____

3   No. of persons on board. Passengers _____
    Crew _____

4   No. of dead: _____

5   No. of survivors: _____

6   Travelling from: _____

7   Destination: _____

8   Time of accident: _____

Un fallo en los motores, probable causa del accidente

Trece muertos al fracasar el despegue de un avión en Dallas

F. G. BASTERRA, **Washington**

Trece personas murieron ayer y más de 90 se salvaron —incluidos los tres pilotos— al caer a tierra un Boeing 727 de la compañía Delta, al tratar de despegar del aeropuerto tejano de Dallas. El accidente se produjo a las nueve de la mañana (cinco de la tarde en España), cuando el aparato, con 104 personas a bordo (97 pasajeros y 7 tripulantes), despegaba con destino a Salt Lake City (Utah).

 F vi**

In the following, more detailed, account of the same accident, there are accounts from a passenger, some motorists and other observers. In groups of three, note the details of the three accounts and then compare and discuss them in your group.

Las primeras informaciones, aún no confirmadas por la *caja negra* ni por los pilotos, hablan del posible fallo de uno de los motores, causado por un incendio o una explosión en el momento del despegue. "Estaba claro que nos íbamos a estrellar", explicó el pasajero Penn Waugh. "Sólo buscábamos un sitio para escapar del avión. Nunca llegamos realmente a despegar. Podías oír ese ruido y sabías que algo iba mal y que el piloto no podía detener el avión". Algunos supervivientes abandonaron el aparato en llamas arrastrándose por el lado derecho y otros por el techo abierto por el impacto, dijo Waugh.

Este testimonio, unidos a otros que hablan de que el Boeing tuvo problemas en la carrera de despegue indican que el aparato prácticamente no ganó altura. Automovilistas que pasaban por la autopista que rodea el aeropuerto dijeron que escucharon una "enorme explosión", la cola "pareció desaparecer" y el aparato cayó. Estos testigos dicen, sin embargo, que el Boeing había alcanzado unos 100 metros de altura.

Varios testigos dijeron que parecía salir humo o llamas del motor izquierdo durante el despegue. La parte delantera del avión, comprado nuevo hace 15 años por Delta, se había levantado ya pero no ganó altura y enseguida la cola cayó a tierra, arrastrando al resto de la nave. Hubo una explosión y el aparato comenzó a arder, según los citados testimonios.

The passenger (Penn Waugh)	Motorists	Other observers

vocabulary F

butacas	seats (aeroplane)	despegar	to take off (aeroplane)
comodidad (f)	comfort	tripulantes (m/f)	members of the crew
vuelo	flight	tripulación (f)	the crew
equipaje de mano (m)	hand luggage	fallo	fault
prensa	the press	incendio	fire
canal (m)	channel (television)	estrellar	to crash
señalizado/a	indicated	supervivientes (m/f)	survivors
almohada	cushion/pillow	llamas	flames
manta	blanket	caer	to fall
libre de impuestos	duty free	testigo	witness
cobrar	to earn	alcanzar	to reach
huelga	strike	humo	smoke
época (del año)	time (of year)	motor (m)	engine
morir	to die	la parte delantera	the front part

La ciudad y la carretera

 A i

Below you will see some signs found in the streets of a typical Spanish town. They fall into three categories:

a) Laws about traffic.

b) Information about traffic.

c) General information about the town.

Put the signs into the appropriate group.

I	ATENCIÓN AL SEMÁFORO
2	PROHIBIDO EL PASO
3	CALLE CORTADA POR OBRAS
4	PROHIBIDO FIJAR CARTELES
5	PEATÓN EN CARRETERA CIRCULA POR TU IZQUIERDA
6	SEGURIDAD SOCIAL
7	USO OBLIGATORIO CINTURÓN DE SEGURIDAD
8	POR UNA CIUDAD MÁS HABITABLE RESPETEN LOS ÁRBOLES Y LAS PLANTAS
9	APARCAMIENTO PÚBLICO. ENTRADA.
10	BADÉN PERMANENTE INCLUSO FESTIVOS PROHIBIDO APARCAR EN TODA LA CALLE

 A ii

You will recognise some of the most common European road signs shown below. Match the information with the appropriate sign.

1

2

3

4

5

6

7

8

9

10

Prohibición de girar a la derecha.

a

Limitación de velocidad.

b

Estrechamiento de calzada.

c

Paso a nivel sin barreras.

d

Niños.

e

Doble curva peligrosa

f

Paso de peatones.

g

Obras.

h

Firme deslizante.

i

Circulación prohibida a camiones.

j

A iii

The key to a street map of Zaragoza is shown below. Which of the numbers on the key would you look for on the map if you wanted to:

1 Visit some famous old buildings?

2 Do some shopping?

3 Have a drink?

4 Take a train journey?

5 Learn about the history of the region?

6 Have a snack before your main meal?

❶ Estación Ferrocarril
❷ Oficinas Información Turística
❸ Zona monumental
❹ Museos
❺ Zonas comerciales
❻ Zonas de copas
❼ Zonas de tapas

 ## A iv

Look at the list of emergency telephones. Which would you ring in the following circumstances:

1 "Hay un incendio en la oficina. Llama al _____"

2 "Tengo que viajar a Madrid en tren, pero no sé las horas de salida. Voy a llamar al _____"

3 "Mi tío sufrió un ataque anoche. Tuvimos que llamar rápidamente al _____"

4 "Estaba llamando por teléfono en la calle, en Barcelona, cuando dos chicos me robaron la bolsa. ¿A qué número tengo que llamar?" _____

5 "No sé exactamente a qué hora llega mi primo de Argentina. Llamaré al _____."

TELEFONOS DE URGENCIA	
	317 86 08
AEROPUERTO	080
BOMBEROS	235 55 55
CORAZON	300 04 22
CRUZ ROJA	251 51 00
GUARDIA CIVIL TRAF.	309 91 49
JUZGADO DE GUARDIA	091
POLICIA	092
POLICIA MUNICIPAL	310 72 00
RENFE	230 70 00
SEGURIDAD SOCIAL	

 ## A v

The following four tours of Madrid offer different attractions for the tourist. Which tour(s) would you choose if you wanted it to include the following?

1 A daytime tour around the sights of Madrid.

2 Visits to monuments.

3 Dinner.

4 A flamenco show.

5 No dinner.

6 An international show at midnight.

7 A visit to a bull ring.

8 To stay out until the early hours of the morning.

9 To return about 1 o'clock in the morning.

10 A visit to a sports stadium.

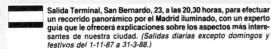

MADRID DE NOCHE ● BY NIGHT ● LA NUIT

 Salida Terminal, San Bernardo, 23, a las 20,30 horas, para efectuar un recorrido panorámico por el Madrid iluminado, con un experto guía que le ofrecerá explicaciones sobre los aspectos más interesantes de nuestra ciudad. *(Salidas diarias excepto domingos y festivos del 1-11-87 a 31-3-88.)*

CENA FLAMENCA: A la llegada al «Tablao» se servirá una cena con vino incluido, presenciando después un soberbio espectáculo de cante y baile flamenco. Sobre las 00,30 horas, regreso a los hoteles.

CENA SCALA: En esta sala se servirá cena con champagne incluido y después se presenciará un grandioso espectáculo de variedades al más alto nivel internacional. Sobre las 01,00 horas, regreso a los hoteles.

A

Salida Terminal, San Bernardo, 23, a las 22,00 horas. Se inician ambos tours con un recorrido por Madrid. *(Salidas diarias excepto domingos y festivos del 1-11-87 a 31-3-88.)*

TODO EL FLAMENCO: Llegada a un excelente Tablao Flamenco para presenciar todo un recital de cante y baile flamenco, así como otras danzas de arte español. Por espacio de dos horas y media podrán admirar un soberbio espectáculo. Serán servidas dos bebidas. Regreso a los hoteles sobre las 00,30 horas.

VIVA LA NOCHE:En un seleccionado «Tablao» se presenciará un espectáculo de cante y baile flamenco y será servida una consumición. Hacia la media noche, traslado a la Fiesta Scala, donde presenciarán un fascinante espectáculo de variedades con el más alto nivel internacional. Se servirá una consumición. Regreso a los hoteles hacia las 03,00 horas.

B

MADRID
ARTISTICO ● ARTISTIC TOUR

 Salida del Terminal TRAPSATUR, San Bernardo, 23, a las 09.45 horas.

Visita del PALACIO REAL, magnífica construcción del siglo XVIII, donde podrán admirarse sus dependencias y ricas colecciones de tapices, porcelanas, relojes, etc.

Continúa el recorrido hasta el MUSEO DEL PRADO, una de las pinacotecas más importantes del mundo. Obras de los maestros españoles Velázquez, Goya, El Greco, Ribera, Murillo, etc., y de los famosos Rafael, Rubens, El Bosco y Tiziano.

Lunes, la visita del Prado se sustituirá por otro museo o monumento.

C

MADRID
PANORAMICO ● SIGHTSEEING TOUR

Salida del Terminal TRAPSATUR, San Bernardo, 23, a las 15,30 horas.

En un amplio recorrido panorámico se podrán observar los monumentos, edificios y lugares más interesantes de la ciudad.

ITINERARIO: San Bernardo, Gran Vía, Plaza de España, Princesa, Ciudad Universitaria, Puente de los Franceses, Casa de Campo, Puente de Segovia, Calle Segovia, Calle Toledo, Bailén, Plaza de Oriente, Calle Mayor, Puerta del Sol, Neptuno, Puerta de Alcalá, Plaza de Toros, Estadio Bernabéu, Castellana, Cibeles, Gran Vía.

D

 # A   vi

Use some of the information from the tour itineraries in **Av** and write a letter in Spanish describing how you spent an evening in Madrid.

vocabulary A

semáforo	traffic lights
Prohibido el paso	No entry
Obras	(Road)works
Prohibido fijar carteles	No bill posting
peatón (m)	pedestrian
seguridad social (f)	social security
cinturón de seguridad (m)	seat-belt
Aparcamiento	Parking
Badén permanente	No parking
Prohibido aparcar	No parking
Prohibición de adelantar	No overtaking
limitación de velocidad (f)	speed limit
paso a nivel (con barreras)	level crossing (with barriers)
doble curva	double bend
ferrocarril (m)	railway
tapas	snacks
robar	to steal
grúa	breakdown vehicle
salida	departure
recorrido	trip/journey
regresar	to return
consumición (f)	a drink

 B i

Below you will see descriptions of two contrasting holiday resorts. Read both for the necessary information and then copy and complete the accompanying chart.

Mojácar: Es un antiquísimo pueblo de configuración árabe asentado en la cima de un cerro entre una cadena de montes y a 2 kilómetros de la playa. Formado todo él por construcciones escalonadas, superpuestas unas a otras, terminadas todas en terrazas planas y algunas con cúpula árabe. De clima mediteráneo es lugar de descanso para cualquier época del año dada su temperatura media de 19° a 20°C.

Cuenta con varios hoteles, restaurantes, tiendas de artesanía, discotecas, etc. En su playa está ubicado el Parador Nacional de Turismo "Reyes Católicos" y a pocos kilómetros en la Urbanización Cortijo Grande (Turre) hay un Campo de Golf, un Club de Tenis y un Club Hípico.

FIESTAS: Se celebran el 28 de Agosto con motivo de la festividad de San Agustín.

MERCADILLOS: Todos los miércoles.

COMUNICACIONES: Tiene dos autobuses que parten de Almería a las 13,30 y 17 en días laborables, los festivos no hay servicio, estos autobuses van con destino a María y Huercal-Overa respectivamente con parada a la entrada de Mojácar.

JACA

Esta localidad hállase situada a 92 km. de Huesca y a 31 km. del Somport, fue capital del primitivo Reino de Aragón. Su altitud sobre el nivel del mar es de 820 m. y el número de habitantes se aproxima a los 13.000.

El clima es frío, siendo muy agradable en el periodo estival; el cielo generalmente se ofrece claro y despejado. Jaca es la ciudad más turística de todo el Pirineo aragonés, con hoteles, distritos de segunda residencia, Palacio de Deportes y Universidad de verano. Entre sus monumentos destacan la catedral románica, con valioso museo, y la ciudadela, obra maestra de la ingeniería militar del 1600. La carretera remonta el valle del río Aragón hacia Canfranc y la frontera francesa ; junto a ésta se hallan las animadas estaciones de esquí de Candanchú y Astún. En Jaca se encuentra la pista de hielo, conocida internacionalmente, y sobre cuya superficie practican campeones del mundo junto a los numerosos aficionados del patinaje y el hockey. Durante los fines de semana del invierno, la animación comienza en los emocionantes partidos de hockey para terminar - ya de madrugada - en sus numerosos pubs o discotecas.

	Mojácar	Jaca
Where is it?		
Climate (Summer, Winter, average)		
Sports available		
Other tourist attractions		
Other useful** information		

 B   ii

Write a short paragraph about one or both of the following:

(i)   Your town

(ii)   A town you have visited on your holidays.

Make sure you mention the town's attractions to the visitor.

 C   i

Which of the following would you need, to do each of the following?

a)   To rent a car.

b)   To fill your car with petrol.

c)   To have your car serviced.

vocabulary B

clima (*m*)	climate
agradable	pleasant
estival	summer (*adjective*)
(cielo) despejado	clear (sky)
pista de hielo	skating-rink
patinaje (*m*)	skating

1	ESTACIÓN DE SERVICIO
2	ALQUILER DE COCHES
3	TALLER

C ii

The signs shown below were all seen in the same place.

1 Where might you find them?
2 What information do they give you?

---

a HAY UN LIBRO DE RECLAMACIONES A DISPOSICIÓN DEL PÚBLICO

b ASOCIACIÓN NACIONAL DE ESTACIONES DE SERVICIO

c A PARTIR DE LAS 10 DE LA NOCHE Y HASTA LAS 6 DE LA MAÑANA, POR RAZONES DE SEGURIDAD, QUEDAN SUPRIMIDAS LAS DEVOLUCIONES DE CAMBIOS EN EL COBRO DE LOS SUMINISTROS, DEBIENDO EL SR CLIENTE SOLICITAR LA CANTIDAD DE PRODUCTO CORRESPONDIENTE AL IMPORTE EXACTO QUE DESEE ABONAR, BIEN EN DINERO EFECTIVO, CHEQUES—GASOLINA O VALES 'CAMPSA' QUEDAMOS MUY RECONOCIDOS A SU COLABORACIÓN.

---

vocabulary C

alquiler de coches	car hire
taller (m)	workshop
sin previo aviso	without previous warning
libro de reclamaciones	complaints book (hotels/bars, etc)
estación (f) **de servicio**	service station
importe (m)	price
dinero efectivo	cash
revisión (f) **(de coche)**	(car) service

 D i**

Look at the two advertisements for two different cars below. The statements that follow belong to either the first or the second advertisement. Link each statement to an advertisement and then compare with your partner.

EN ESCUADRILLA

Una escuadrilla a todo color. Cinco colores muy personales e identificativos para el Renault Supercinco GT Turbo. El rojo, fuerte y llamativo. El blanco, para brillar con luz propia. El gris metalizado, elegante, con clase. Amarillo, simpático y atrevido. Y el negro, el rey de la noche. Con cualquiera de ellos te deseamos un feliz vuelo rasante.

RENAULT *Coches llenos de vida*

A

• Les gustan las formas nuevas y jóvenes. Quieren que su coche tenga personalidad. Aman la comodidad. Y la independencia. Son clientes difíciles de satisfacer. El SEAT IBIZA está pensado para ellos. Hasta en el nombre. Simboliza libertad, deseos de vivir. Igual que Marlene, a quien Nicky Lauda, su marido, Campeón Mundial de Fórmula 1, le ha regalado un SEAT IBIZA.

ASÍ ES LA GENTE IBIZA

B

1 Cars with personality.

2 Freedom and love of life.

3 Daring.

4 Classy.

5 Choose your own personal colour.

6 Comfort and independence.

7 A wonderful present.

8 Strong and appealing.

---

vocabulary D

comodidad (f)	comfort
libertad (f)	freedom
llamativo	appealing
atrevido	daring

 D   ii**

1 In pairs or small groups choose two of the motorcycle descriptions below and decide which of the following four statements (Nos 1–4) refer to the machines you have chosen.

2 Now compare information with the other groups. What else can you learn about the bikes you selected?

1 This one has been around for a long time and will be for a long time to come. The perfect city bike.

2 A small bike with many of the features of the bigger bikes.

3 Possibly the best motorbike in the world.

4 Half way between a scooter and a motorbike.

BMW K-100

Sólo ella puede con los japoneses. Sólo ella, la BMW, puede ser definida como el Rolls Royce de las motos. Sólo ella, la K-100, puede considerarse la mejor moto del mundo. Tal vez por eso sus creadores cuentan que el grandioso éxito alcanzado por las K-100 ha demostrado que, en las motocicletas, una alta potencia con características futuristas tiene para muchos pilotos una significación superior a las cifras impresionantes con que se enuncian el número de revoluciones y el de CV. Es una forma como otra cualquiera de decir que la K-100 es la alternativa a Japón. Y lo es.

A

Vespa PK 75-125

La Vespa es un vehículo eterno. Existe desde hace muchos años y existirá dentro de muchos más. Es una moto eminentemente ciudadana. Limpia (es decir, que puede conducirse con camisa y corbata sin mayores problemas) y eminentemente útil, hasta el extremo de que ni siquiera un simple pinchazo te deja tirado en la calle: cambias la rueda y listo. Este modelo de 75 o 125cc es el más común, el que llevan desde estudiantes a ejecutivos.

B

Honda MBX-75

Cuántas veces habrá llegado a un semáforo y se le habrá colado rápidamente un muchachito con esta Honda MBX-75. Cuántas. Es una *pequeña maravilla*. Tiene todo lo que tienen las grandes motos, pero en pequeño, a su proporción. Suspensión posterior Pro-Link —sistema de monoamortiguador de geometría variable—, freno de disco anterior con doble pistón, motor de dos tiempos refrigerado por agua y línea aerodinámica. La típica moto para un muchachito, eso sí, adinerado. Una pequeña moto con todas las maravillas de las grandes.

C

Honda Scoopy SH-80

El catálogo de venta se pregunta si esta Honda Scoopy SH-80 es un *scooter* o una moto, y lo resuelve hábilmente: es una *moto-scooter*. Con buenas suspensiones, arranque eléctrico y ruedas de 16, al estilo de cualquier moto normal, esta Scoopy fue una de las grandes sensaciones del pasado año. Una versión diferente para el que no desee el típico ciclomotor, elude la Vespa y sueña con la moto. Una máquina curiosa, servicial y cómoda.

D

 E i

Each summer, millions of Spaniards go on holiday on the same summer weekend and return four weeks later. These two weekends are called 'Operación Salida' and 'Operación Retorno' respectively. Sadly, there are many accidents every year.

Read the following article, and find the information to complete the following grid.

vocabulary E

herido	injured person
lesiones (f)	injuries
muertos	deaths/dead people
atropellar	to crash
pérdida de conocimiento	loss of consciousness
turismo	saloon car
adelantamientos	act of overtaking
exceso de velocidad	speeding
retenciones (f)	traffic jams/delays
cifra	figure/number

1 *Number of casualties:* _____

2 *Number of accidents:* _____

3 *Number of cars on the road during the weekend:* _____

4 *Details of the worst accidents:* _____

5 *Main causes of the accidents:* _____

6 *Worst traffic jams:* _____

7 *Recent trends in Spanish road traffic accidents:* ____

Veinte personas muertas durante la operación Salida

En los trece accidentes ocurridos también hubo doce heridos graves y otros doce de diversa consideración

Veinte personas murieron, doce resultaron gravemente heridas y doce con lesiones de diversa consideración en los trece accidentes ocurridos desde que comenzó la operación Salida hasta las cinco de la tarde del sábado. Hasta el momento, las retenciones que se han registrado son de los vehículos que salen y aún no han comenzado las de entrada, según confirmó la Dirección General de Tráfico. Esta dirección prevé que el regreso afecte a las carreteras españolas a partir de mañana domingo. Según las estimaciones de la Dirección General de Tráfico el número de vehículos que circularán por las carreteras españolas durante el fin de semana podría alcanzar los tres millones.

El primer día de la operación Salida murieron doce personas, nueve personas resultaron gravemente heridas y diez con heridas de diversa consideración.

Hasta primeras horas de la tarde de ayer se registraron seis accidentes con ocho muertos, tres heridos graves y dos leves. Los accidentes más trágicos de este «puente», hasta el momento, han sido un atropello con el resultado de muerte a tres niños provocado por la pérdida del conocimiento repentina del conductor y la muerte de tres italianos y otro herido de gravedad a consecuencia de una colisión entre el turismo en que viajaban y un camión en el término municipal de Alhama de Murcia. El exceso de velocidad y los adelantamientos indebidos fueron las principales causdas de las colisiones y salidas de la vía que originaron estos accidentes.

Las retenciones registradas hoy se produjeron en la A-7 de Barcelona a la altura de Calella, Cubella y Granollers, así como en la N-340 a la altura de Chiclana de la Frontera, en Cádiz, y en la N-634 en Colimbres, perteneciente a Cantabria. Otras retenciones de 3 kilómetros se localizaron en la N-6 en sentido a La Coruña, y de 2 kilómetros, en la N-620 en sentido Portugal-Burgos a la altura de Tordesillas y en Medina del Campo.

Fuentes de Tráfico informaron que las retenciones se refieren a la salida porque aún no había comenzado la entrada. Esta dirección considera que a partir de hoy se notará un incremento en el tránsito debido a la coincidencia en la salida y el regreso de los desplazamientos vacacionales.

Las cifras globales de siniestralidad registradas este año en las carreteras españolas son elevadas con respecto al año anterior, aunque parece que se están reduciendo los accidentes en los meses de verano. En relación al número de muertos del 87, a comienzos de julio murieron en la carretera la mitad de las personas, y en la primera salida masiva del presente mes murieron un 31,86 por 100 de personas menos que en el idéntico periodo del año anterior.

En 1987 el primer día de la operación Salida comparable al de ayer viernes se registraron tres accidentes, en que fallecieron tres personas y otras tres resultaron gravemente heridas. El equivalente al día de ayer en 1987 murieron treinta y siete personas en veintisiete accidentes, y el último día de la operación Salida del pasado año se registraron veintiocho siniestros con el resultado de cuarenta y dos muertes. Este año se cuenta con el agravante de la festividad del próximo lunes día 15, que se celebra en toda España.

Vacaciones **7**

 A i

For the visitor to Spain there are a number of different kinds of hotels and hostels available, all with different names. Here are some of the signs you might see while looking for somewhere to stay.

Find suitable accommodation from **Nos. 1–5** for the following people (**a–e**), using the information on this page to help you.

a) A group of fifteen-year-olds who want a cheap holiday where they can meet other youngsters.

b) A couple who want a touring holiday where they can stay in luxury hotels in the countryside.

c) A family who want to stay in good accommodation but prefer not to eat there.

d) He wants a bathroom in his room and all meals included.

e) They want somewhere cheap to stay. They don't mind sharing a bathroom with other residents.

1 LOS PARADORES son bastante lujosos y se encuentran en sitios pintorescos, situados en edificios especiales, como castillos o monasterios.

2 En LOS HOTELES hay baño o ducha en las habitaciones y tienen de una a cinco estrellas dependiendo de las comodidades.

3 RESIDENCIA quiere decir que el establecimiento no dispone de restaurante.

4 LOS ALBERGUES, generalmente para jóvenes, ofrecen alojamiento básico.

5 LAS PENSIONES son modestas y baratas. Las habitaciones tienen lavabo pero no baño. Se encuentran HABITACIONES en casas particulares.

A ii

Below you will see descriptions of facilities and services offered by three hotels. From the information provided, choose a hotel for each of the following.

1 You like all kinds of sports and you want a single room with bath and also a terrace.

2 You don't really want to eat in the hotel.

3 You like to have a view of the mountains.

4 You like exotic plants and all kinds of gardens.

5 You want to watch some Spanish television.

6 You like disco dancing.

Hotel Fenicia ★★★★
Santa Eulalia - Santa Eulalia del Río (Ibiza)
Tel. 33 01 01

Lujoso y confortable, se encuentra situado a corta distancia del centro turístico y escasos metros del mar. Desde sus jardines, y a través de un puente, se llega a la playa artificial de Santa Eulalia. Elegantes salones sociales, "boutiques", peluquería, sauna, discoteca, bar y restaurante son algunas de las amenidades que los clientes pueden disfrutar en la zona interior, completamente climatizada. Junto a los jardines se encuentra una magnífica piscina y las dos pistas de tenis. Las habitaciones, todas con cuarto de baño completo, teléfono y terraza , algunas con vistas al mar, las individuales con ducha y sin terraza.

Suplemento habitación individual por noche:
400 pts.

A

Hotel Marte ★★★
Dr. Ingram, 24 - Puerto de la Cruz - Tel. 38 43 52

Situado en el centro de la ciudad, a pocos metros de la plaza del Charco, del puerto pesquero. Todas las habitaciones con baño completo, teléfono e hilo musical (las individuales interiores). Ambiente familiar. El edificio consta de salón social, bar, T.V. color, billar y otros juegos recreativos. Magnífico solarium con piscina, bar, tenis de mesa. Bonitas vistas al mar y montaña.
Nota: Las comidas se realizarán en un restaurante a unos 150 metros del Hotel.

Suplemento habitación individual por noche:
270 pts.
Ventajas Vacaciones:
Todos los novios serán obsequiados con champagne.
Ver condiciones especiales en pág. 2.

B

Hotel Botánico Sol ★★★★★
Richard J. Yeoward, s/n.
Puerto de la Cruz
Tel. 38 14 00

Situado en la zona residencial del Puerto de la Cruz, al lado del famoso jardín Botánico, a 2 kms. de la playa y del centro de la ciudad.
Todas las habitaciones con cuarto de baño completo, teléfono, hilo musical, televisión en color y video, y aire acondicionado.

C

A iii

The writer of the postcard below is staying in one of the hotels described in **A ii**. Which one?

 A iv

Now choose one of the hotels from **A ii** and write a similar postcard. Don't make your choice too obvious. Try it out on your partner.

«COSTA DORADA» - TARRAGONÈS
Camping L'ALBA
CREIXELL

Hola, Ana:

Estamos muy cerca de la playa. Cada día juego al tenis y me baño en el mar o en la piscina. Por la tarde me siento en la terraza frente al mar y leo un rato y por la noche bailo en la discoteca del hotel con mis amigos. Me lo paso muy bien.

Un abrazo

TELÉFONOS: 977 - 80 19 03
64 23 58

BARCELONA
CUBELLAS
CUNIT
SEGUR DE CALAFELL
CALAFELL
SAN SALVADOR
COMARRUGA
BARA
→ CREIXELL
TORREDEMBARRA
ALTAFULLA
TARRAGONA
SALOU
VILAFORTUNY
CAMBRILS
MIAMI-PLAYA
HOSPITALET DE I
AMETLLA DE MAR
AMPOLLA
AMPOSTA
SAN CARLOS
VINAROZ
BENICARLÓ
PEÑISCOLA

30 PTA ESPAÑA CORREOS
15 PTA ESPAÑA CORREOS

Ana Belén Morales
C/ Luis Braille nº 6
6º A

Zaragoza

Foto Font - Tel. 64 06 58 / Felber-Igualada / D.L. B-2551-83

 A v

On page 75, a hotel chain makes some special offers to clients. Indicate whether the following statements are TRUE or FALSE.

1 A child up to twelve years of age goes free for every two paying adults throughout the summer season.

2 Full board is offered for the price of half board throughout the summer for a maximum of 21 nights.

3 One person staying for a minimum of seven nights can hire a car free of charge.

4 A couple staying at the hotel for two weeks during the month of October can have an hour of free tennis.

5 For all children of four years or under, whose birthday falls during their stay, there is a birthday party with free cake and free drinks.

6 In May you don't have to pay an extra supplement for a single room.

7 If you have a wedding anniversary during your stay you receive a gift from the hotel.

8 The hotel offers gifts on a number of occasions. What are the gifts and who receives them?

■ V E N T A J A S ■

Novios

Niños

3.ª persona

LOS HOTELES DONDE APARECEN ESTOS SIMBOLOS LE OFRECEN UNAS VENTAJAS MUY ESPECIALES.

También tienen condiciones especiales.

 OFERTAS SOL

1. **AQUA-PARK SOL**
   (Ubicado en Mallorca)
   Un niño gratis (hasta 12 años) por dos personas de pago. Válido durante toda la temporada.

2. **PENSION COMPLETA AL PRECIO DE MEDIA PENSION**
   Oferta válida para dos o más adultos compartiendo una habitación para estancias desde el 1/5 hasta el 31/5 ambos inclusive. Ésta oferta excluye cualquier reserva con niño gratis o precio de niño.
   Oferta válida para estancias mínimas de 7 noches y máxima de 21 noches.

3. **COCHE DE ALQUILER GRATIS**
   Estancias mínimas de 7 noches en Media Pensión o Pensión Completa por habitación doble. Las individuales están excluidas.
   El I.V.A., Seguro y Gasolina no están incluidos.
   Un día, un coche gratis por semana para llegadas desde 1/5 hasta el 15/6 ambos inclusive y del 1/1C hasta el 31/10 ambos inclusive y para estancias máximas de 21 noches.

4. **TENIS GRATIS**
   Una hora de tenis gratis por habitación doble según disponibilidad. Las individuales están excluidas.
   Oferta válida para estancias desde el 1/5 hasta el 12/7 ambos inclusive y desde 1/10 hasta el 31/10 ambos inclusive.
   Para estancias mínimas de 7 noches y máximas de 21 noches.

5. **PLANTA DE FAMILIA**
   ("Centro Infantil" hasta 4 años)
   Situado en la 1.ª o 2.ª planta del Hotel, el Centro Infantil ofrece lo siguiente:
   — REGALO DE BIENVENIDA para todos los bebés de: biberón Sol, Talco y jabón bebe.

OFERTAS IBEROTEL iberotel

A. Todos los clientes que celebren su cumpleaños serán obsequiados con cena de gala con cava y los niños con fiesta y tarta especial.

B. Todos los recién casados serán obsequiados con fruta o flores y cava en la habitación a la llegada.

vocabulary A

lujoso	luxurious	ascensor (*m*)	lift
puerto pesquero	fishing port	ser obsequiado	to be given (a present)
planta	floor/storey	recién casado/a	newly married.

B i**

Look at the bill and notes from Hotel Victoria below.
What does it say about the following?

1 Leaving the hotel.

2 Not paying your bill.

3 A double room used by one person.

4 An extra bed in a double room.

5 Full board.

6 Valuables.

6 The key.

*HOTEL VICTORIA
P/ FRANCO S. SEGOVIA · TFNO 41.21.94

¡Bien venido a este establecimiento!
Soyez le bienvenu!
Welcome!
Willkomen in diesem ause!

Sra. Sra.
M. Mme
Mr./Mrs
Herr. Frau } *Rosa Ma Martín*

Tiene usted la habitación número
Vos ocupez la chambre n.º
Your room nomberis
Sie bewohnen das Zimmer Nr. } *166*

Cama supletoria o cuna
Lit suplementaire ou berceau
Extra bed or child's cot
Zuzätzliches Bett oder Kinderbett. } Si, Qui.
Yes, Ja.
No, Non.
No, Nein.

Precio diario de esta habitación
Prix de la chambre, par jour
Price per day of this room
Zimmerpreis pro Tag } *2150 1/2 Pensión*
2540

Fecha
Date
Date
Datum } *1/8/82*

Días de estancia
Jours de séjour
Length of stay
Aufenthaltstade } *1*

NOTAS: Se advierte a los Sres. clientes que se cobrará el día entero si su salida es
después de las doce horas.

• Igualmente se advierte que este establecimiento retendrá el equipaje del cliente, si éste no paga la factura a su presentación (Art. 12 núms. 1 y 2, O. M.
de 28 de Marzo de 1966).

Habitación doble para una persona: 80 por 100 de su importe.
La cama supletoria en habitación doble lleva un recargo del 35 por 100 (2.ª cama supletoria
el 25 % más).
El precio de la pensión alimenticia completa se concede en estancias de 48 horas.
Este establecimiento no responde de cantidades en metálico ni objetos de valor que no se
depositen en la Dirección.
Se ruega que al salir dejen la llave en consergería.
Tenemos las hojas de Reclamaciones a disposición de nuestros clientes.

Firma, Signature,
Signature, Unterschrift.

Rosa Mª Martín

Sello del Hotel,

220 V

B ii

The article below describes a hotel suite for the very rich.

Answer the questions.

I   In what way is this hotel unique?

2   What do the following numbers refer to?

a) ½ million   e) 3

b) three months   f) 2

c) 2,000   g) 16

d) 6

3   What luxuries are mentioned?

4   What sports facilities are there?

5   Describe the security system.

Fue inaugurada extraoficialmente por Julio Iglesias

LA «SUITE» DE HOTEL MAS GRANDE DEL MUNDO ESTA EN MARBELLA

★ **Tiene dos mil metros cuadrados y consta de seis dormitorios, tres comedores y dos salones**

★ **Cuesta medio millón de pesetas al día y se puede disfrutar de su piscina climatizada, sala de masajes y campo de mini-golf, todo privado**

SI tiene la posibilidad de gastarse medio millón de pesetas al día, y por un tiempo mínimo de tres meses, podrá disfrutar de la mayor «suite» de hotel que hay en el mundo. Más de dos mil metros cuadrados disponibles de vivienda ha dispuesto la presidenta del hotel Marbella Dinamar, Dina Cosson, para los grandes magnates que anualmente visitan Marbella. De manera extraoficial, Julio Iglesias la inauguró el pasado verano durante su gira española.

La inmensa «suite» está localizada en la terraza del hotel Dinamar y tiene tres pisos. La parte de vivienda cuenta con seis habitaciones dormitorios, tres comedores y dos salones, y una parte dedicada a oficinas en las que hay instaladas 16 líneas de teléfono.

La decoración cuenta con una obra maestra del arte chino: un altar del siglo XVIII; diez alfombras persas y, el colmo de la comodidad, persianas que suben y bajan con motor eléctrico.

Tiene piscina climatizada, con un sistema de corrientes de agua que sirve para recibir masajes, y un auténtico campo de minigolf, construido en la misma terraza.

Por motivos de seguridad, todas las puertas con las que cuenta la casa son blindadas. La de entrada tiene un vídeo-portero, que controla y graba a quien quiere entrar en la «suite». Todo está pensado para auténticos emperadores y grandes personalidades, que no tienen por encima de ellos a nadie en su «suite imperial», nada más que el cielo.

vocabulary B

advertir	to warn
cobrar	to charge money
hojas de reclamaciones	complaints books (hotel/bar)
dos mil metros cuadrados	two thousand square metres
comedor (m)	dining room/hall
disfrutar	to enjoy
salón (m)	lounge
puertas blindadas	reinforced security doors

 C i**

On the next page you will see an itinerary for a seven-day excursion in Galicia, in the north of Spain. Complete the accompanying chart by ticking the appropriate day on which you will do the various activities.

GALICIA

ITINERARIO:

Día 1º - ZARAGOZA/BURGOS/PORTONOVO (Sangenjo)

Salida a las 6,00 h. de nuestra Terminal, por Tudela, Calahorra y Logroño utilizando la autopista. **BURGOS.** Llegada y tiempo libre para visitar su incomparable Catedral. Continuando el viaje, llegada a PUEBLA DE SANABRIA, con tiempo libre para realizar el almuerzo por propia cuenta. A primera hora de la tarde, salida hacia **PORTONOVO (Sangenjo).** Llegada y acomodación en el hotel. Cena y alojamiento.

Día 2º - PORTONOVO (Sangenjo)

Estancia en régimen de pensión completa. Mañana libre para disfrutar de su tranquila playa. Por la tarde, recorrido por las Rías Bajas, de incomparable belleza, visitando sus localidades más representativas tales como EL GROVE, CAMBADOS, VILLAGARCIA DE AROSA y LA ISLA DE LA TOJA.

Día 3º - PORTONOVO (Sangenjo)

Estancia en régimen de pensión completa. Día libre para disfrutar de la playa o realizar la excursión facultativa a LA GUARDIA

y MONTE DE SANTA TECLA. (Las personas que realicen la excursión llevarán el almuerzo en bolsa pic-nic.)

Día 4º - PORTONOVO (Sangenjo)

Desayuno, cena y alojamiento en el hotel. Excursión con almuerzo en bolsa pic-nic, para visitar Vigo y el norte de Portugal, con tiempo libre en la localidad portuguesa de VALENÇA DO MINHO, paraíso de las compras en Portugal, con una inmensa variedad de productos.

Día 5º - PORTONOVO (Sangenjo)

Estancia en régimen de pensión completa. Día libre para disfrutar de la playa o realizar la excursión facultativa a una cercana isla en barco, donde se degustan los mejillones cogidos en el mar durante la travesía.

Día 6º - PORTONOVO (Sangenjo)

Desayuno, cena y alojamiento en el hotel. Excursión con almuerzo en bolsa pic-nic, para visitar LA CORUÑA y SANTIAGO DE COMPOSTELA.

Día 7º - PORTONOVO (Sangenjo)/ZARAGOZA

Desayuno en el hotel. Almuerzo en bolsa pic-nic. Salida a las 9,00 h., por Orense, Benavente, Burgos, Logroño, Calahorra y Tudela. **ZARAGOZA.** Llegada. Fin del viaje.

	Day 1	Day 2	Day 3	Day 4	Day 5	Day 6	Day 7
boat trip							
shopping							
day-trip and picnic							
travel all day							
sea-food meal							
visit nearby towns							
beach							
visit monument							

 C ii

Using the information from the itinerary in **C i**, write a short letter to your Spanish friend describing briefly how you spent the holiday.

 C iii**

You have invited a Spanish friend to join you on a week's holiday visiting places of interest in England and Scotland. Write a letter explaining you will meet him/her at the airport (Day 1) and then give four or five pieces of information from the itinerary below for Days 2 to 5). On Day 6 you will return to London.

Start your letter:

"Iré a buscarte al aeropuerto . . ."

vocabulary C

alojamiento	lodging
almuerzo	mid-morning snack
travesía	crossing (by sea)

LONDRES-YORK EDIMBURGO

VISITAS GRATUITAS INCLUIDAS
OXFORD: Visita panorámica
STRADFORD: Visita
CHESTER: Visita
LIVERPOOL: Visita panorámica
EDIMBURGO: Visita
DURHAM: Visita
YORK: Visita

SALIDAS BARCELONA, ALICANTE Y VALENCIA
10, 17, 24, 31 Mayo
7, 14, 21, 28 Junio

2, 9, 16, 23, 30 Agosto

4, 11, 18, 25 Octubre
DURACION: 8 Días

Día 1º BARCELONA/ALICANTE/VALENCIA-LONDRES
Presentación directamente en el Aeropuerto de su ciudad, a la hora que se indicará, para tomar el avión con destino a Londres. Llegada y traslado al hotel. Alojamiento.

Día 2º LONDRES .... A.D.
Estancia en régimen de alojamiento y desayuno. Día libre para poder efectuar la visita facultativa de la ciudad con su Abadía de Westminster, Torre Big-Ben, Casas del Parlamento, cambio de la guardia en el Palacio de Buckingham, Catedral de San Pablo, Torre de Londres, etc.

Día 3º LONDRES-OXFORD-STRADFORD-UP-ON-AVON-CHESTER-LIVERPOOL .... M.P.
Desayuno y salida hacia Oxford. Breve visita panorámica de la más antigua universidad inglesa, prosiguiendo el viaje con destino a Stradford-up-on-avon, ciudad mercado isabelina donde nació William Shakespeare, que conserva todo su carácter vetusto. Visita y almuerzo libre. Por la tarde salida hacia Tudor y Chester, baluarte romano frente a las tribus galesas y único ejemplo urbano completo de la rica arquitectura. Visita. Seguiremos por el gigantesco túnel bajo el estuario del Mersey hasta Liverpool. Cena y alojamiento.

Día 4º LIVERPOOL-WINDERMERE-CARLISLE-MOFFAT-EDIMBURGO .... M.P.
Desayuno y visita panorámica. Salida a través del Condado de Lancaster, hacia la romántica región de los lagos, Windermere, Grasmere, Thirlmere, Keswick. Almuerzo libre. Por la tarde por Carlisle entraremos en Escocia, a través de las Tierras Bajas, haciendo una breve parada en el mercado lanero de Moffat. Llegada a Edimburgo. Cena y alojamiento.

Día 5º EDIMBURGO .... M.P.
Desayuno, almuerzo y alojamiento en el hotel. Por la mañana visita de esta bella ciudad, incluyendo su famoso Castillo, Milla Real, Palacio de Holyrood, antigua residencia de los reyes escoceses, etc. Tarde libre para realizar una excursión facultativa a la bella region de los Trossachs, en las tierras altas y el Castillo de Stirling. Por la noche se podrá asistir de manera opcional a una cena escocesa.

D i

Many Spanish families rent apartments on the coast for the summer by checking the advertisements in their local newspapers to see what is available. Apartments are advertised by the fortnight ('quincena') or by the month. Choose one for each of the cases listed below.

1 There are six in this family and they want an apartment for September near the beach where they can also play tennis.

2 Seven youngsters are lucky enough to have six weeks holiday from half way through August. They don't really want any extras which they may be offered.

3 This family wants a reasonably priced apartment for the first fortnight of September.

4 Two families of four need a big apartment for the second half of August. They want a swimming pool.

5 This family wants an apartment with a swimming pool for the month of September.

6 This family only has one week's holiday at the end of August.

7 This group wants an apartment with a big garden. They don't mind whether they have a swimming pool and have not yet decided on a date for their holiday.

8 This one offers facilities for washing clothes and would suit a large family in the second half of August.

9 This family is concerned to have an apartment which offers good and secure parking facilities. They want it for the second half of August.

10 This family cannot go on holiday until October. It's cheap.

COMARRUGA y San Salvador, varios tipos de chalés y apartamentos Grandes jardines, con o sin pisicna Trato directo Multihogar Teléfono (977) 681178

a

ALQUILO apartamento Peñiscola, económico, septiembre, quincenas o mes. Teléfono (964) 480152.

b

LA PINEDA, Salou, primera fila, junto mar. 4 dormitorios, salón, cocina, 2 baños, piscina. Segunda agosto, y primera, segunda septiembre. 575011, extensión 525.

c

SEGUR Calafell, apartamento a 30 metros playa, 6-8 plaza, televisión, lavadora, ropa, segunda quincena agosto, septiembre 296489

e

CULLERA, apartamento 6-7 personas, segunda quincena agosto y septiembre. 212913, 217356

g

SALOU, apartamento primera línea, parking, automática, televisión color, etcétera, segunda quincena agosto y septiembre. (977) 224178.

i

PEÑISCOLA: Alquilo magnífico apartamento a estrenar, primera línea de playa, piscinas, tenis, parking, lavadora, televisión, 6 plazas, Septiembre o quincenas Teléfono (964) 472556

d

SALOU: Alquilo apartamento con piscina, plaza de Europa, segunda de agosto y mes de septiembre. Teléfono (974) 830041.

f

PEÑISCOLA-Benicarló. Alquilamos apartamentos septiembre-octubre, 550 pesetas/persona. Agosto consultar precios (964) 473961

h

SEGUR, apartamento 6 plazas, última semana agosto, primera fila 296489

j

 D ii

Answer the questions about the advertisement shown below. The questions are in Spanish.

COSTA BRAVA
SEMANA SANTA, FRENTE AL MAR Y
EN APARTAMENTO

PISCINA - SUPERMERCADO Y RESTAURANTE PROXIMOS.
JARDIN - JUEGOS INFANTILES - PETANCA - PINOS.

TERRAZAS CON VISTA AL MAR Y A LA PISCINA.
BAÑO, COCINA, EQUIPADOS COMPLETOS (excepto toallas y servilletas)

DESDE JUEVES SANTO HASTA LUNES DE PASCUA :

ESTUDIO PARA 2/3 PERSONAS ....**5,900**PTS.

APART. PARA 4/5 PERS.(1 dormitorio)...**6,500**PTS.

APART. PARA 5/6 PERS. (2 dormitorios)..**7,500**PTS.

(TODO INCLUIDO)
Consumos de agua, gas, electricidad y recogida de basuras diaria.

INFORMACION E INSCRIPCIONES:

BARCELONA-25
Avda. Gaudí, 20
Tels. (93) 347 53 33 - 347 51 77
347 55 88 - 347 59 88

SUS ASESORES DE VIAJES

ercatours s.a
AGENCIA DE VIAJES
GRUPO A
TITULO NUM. 812

1 ¿En qué época del año se puede alquilar apartamentos?

2 ¿Dónde están?

3 ¿Qué hay en los apartamentos? (Menciona tres or cuatro cosas.)

4 Hay cosas que no ofrecen en los apartamentos. ¿Qué son?

5 ¿Qué está incluido en el precio además de la estancia?

6 ¿Dónde hay que ir para alquilarlos?

7 ¿Quién los alquila?

 E i

The advertisement for 'El Toro Bravo' camp site describes what it can offer to the camper. Write down three things for each of the following four categories.

1 refreshment facilities

2 shopping facilities

3 sports

4 entertainment

Describe the location of the campsite in as much detail as possible.

vocabulary D

chalé (*m*)	chalet
primera fila	first row
lavadora	washing-machine
quincena	fortnight
estrenar	to use for the first time
alquilar	to rent
normas	regulations
ducharse	to have a shower
césped	lawn
colchoneta	air-bed

CAMPING CARAVANING EL TORO BRAVO

Autovía Castelldefels, Km. 11
✉ Apartado Correos 7, Viladecans Barcelona Spain.
TOROBRAVO — Barcelona Spain.
☎ Viladecans (93) 658 12 50

Siga la ruta del sol, le esperamos en el **Camping Caravaning EL TORO BRAVO**.

Camping Caravaning **EL TORO BRAVO**: una elección acertada para pasar sus vacaciones en uno de los más bellos y modernos lugares del Mediterráneo. Camping Caravaning **EL TORO BRAVO**, pone a su disposición: servicios sanitarios de primera categoría, agua caliente, conexiones eléctricas de 220 V. en los emplazamientos, restaurante, self-service, cafetería-bar, supermercado, tienda de souvenirs (periódicos, revistas y libros), peluquería, asistencia médica, cambio de moneda, cajas de depósito de valores, 3 piscinas (una climatizada y una para niños), gran tobogán acuático, posibilidad de practicar toda clase de deportes acuáticos, incluido el windsurfing, así como una gran Zona Deportiva con: pistas de tenis, mini-golf, ping-pong, pista de baile, espectáculos folklóricos, disco & auditorium, proyecciones de cine, hípica, etc. Excursiones diarias en autobús. Además, tenemos a disposición de nuestros clientes naturistas, el Camping Caravaning Naturista **EL TORO BRAVO**, de 75.000 m² de superficie, situado al lado de nuestro terreno y compartiendo la misma entrada, extensa playa y frondosa pineda.

Les esperamos con nuestra cordial bienvenida en el Camping Caravaning **EL TORO BRAVO**, uno de los mejores camping caravaning de España. Situado en un tranquilo y aislado emplazamiento, a sólo 11 km. al sur de la ciudad de Barcelona (3 millones de habitantes). Junto a la orilla del mar, se extiende a lo largo de una maravillosa y amplia playa de fina arena de 1 km. de longitud, ideal para los niños, y donde podrá acampar en un frondoso y cuidado bosque de pinos.
Un camping moderno con excelentes instalaciones y una cuidada organización de servicios.

E ii

How much do you know about windsurfing? With a partner, see if you can complete the gaps below with suitable words or phrases. When you have finished check your answers from the information in the article that follows.

1 To take up windsurfing you should be at least _____ years old.

2 You don't have to be particularly _____ to windsurf.

3 One of the most important qualities is _____.

4 It only takes about _____ minutes to learn how to _____, but you will probably have plenty of _____.

5 The best way to learn is _____.

6 Watch out. Prices _____. It is _____ if you learn on the beach.

7 It's best to learn in _____ water and away from _____. _____ it should only take you about _____ to learn to windsurf.

Para iniciarse en la práctica de esta refrescante modalidad deportiva, no hacen falta condiciones físicas especiales. *Cualquiera puede hacerlo, a partir de los dieciséis años, cuando todas las articulaciones óseas están ya formadas*, afirma Jorge Tarodo, secretario de la Federación Madrileña de Windsurfing.

La paciencia es una virtud que, sobre todo al principio, es imprescindible. Aprender es fácil; se tarda unos cuarenta y cinco minutos en conocer cómo mantenerse sobre la tabla, y a manejar el aparejo. Las caídas, cuando se empieza, son inevitables opina Jorge Tarodo.

Por ello, es muy recomendable acudir a una escuela. Existen en todas las costas, clubs náuticos, y pantanos. Los precios de los cursos son muy variados. En Madrid, por ejemplo, un cursillo de dos días completos o de cuatro sesiones *cuatro mañanas* puede costar alrededor de seis mil pesetas. En las playas llegan hasta dieciséis mil pesetas.

El lugar ideal para aprender debe tener aguas poco profundas y vientos paralelos a la costa, para no correr ningún riesgo, ya que si se comienza a practicar en playas con vientos de tierra fuertes, éstos pueden llevar al inexperto windsurfista mar adentro. En nuestro país, un lugar ideal es la Manga del Mar Menor, en Murcia. También todos los pantanos son enclaves perfectos para iniciarse en el manejo de la tabla y la vela.

Practicando a diario, en unos quince o veinte días puede dominarse perfectamente. Si sólo se hace durante los fines de semana o en época de vacaciones, en un año se llega a ser un experto.

vocabulary E

pista de baile	dance floor
cartel (*m*) de precios	price-list
reglamento	rules and regulations
lavabo	wash-basin
enchufe (*m*)	plug (washbasin)
sombra	shade
pileta de fregar	washing-up sink
lavadero	washing sink (clothes)
basura	rubbish
caja fuerte	safe (strong box)
asistencia médica	medical assistance
prensa nacional	national press
desaparecer	disappear
corriente	electric current
tabla	windsurf board
caída	fall
pantano	lake/reservoir
agua poco profunda	shallow water
profundo	deep
riesgo	risk

F i**

A Spanish magazine has listed a hundred 'best ideas' for places to visit or things to do while you are on holiday in Spain. Ten are shown below. Match the headings with the appropriate texts.

(46) El mejor vuelo sobre el agua.

(38) La mejor paella.

(21) La mejor excursión marítima.

(57) La mejor hora para conducir.

(27) El deporte más insólito.

(23) El mejor espectáculo marino.

(25) La playa más grande.

(80) La mejor hora para el baño.

(49) El mejor paseo en camello.

(33) La mejor jornada de compras.

—El del deporte de este verano, el windsurfing. Sin ni siquiera acercarse al mar, se puede aprender en Parquelagos, a 34 kilómetros de Madrid por la carretera de La Coruña. La escuela, dirigida por Jorge de Villota, ofrece, desde mayo a septiembre, cursillos de iniciación y de perfeccionamiento (7.000 pesetas cada uno).

a

—Ya sea en la playa, ya en un río o piscina, lo que no cabe la menor duda es que la mejor hora para darse un chapuzón es la primera hora de la mañana o la última de la tarde.

d

—Relojes, cámaras, calculadoras, aparatos ortopédicos y todos los adelantos de la electrónica de Japón y Taiwan. En Ceuta, a donde se va y viene desde Algeciras en un día en transbordador por 1.200 pesetas (lo peor es luego la aduana).

g

—Se encuentra en Valencia y, dicen los valencianos, que la más exquisita se toma en Levante, un modesto restaurante (500 pesetas por persona), en Benisano, a pocos kilómetros de la capital, donde la cocinan con leña.

b

—A finales de agosto, las carreras de caballos por la playa de Sanlúcar de Barrameda. A la belleza del lugar se une la espectacularidad de estas pruebas y el gusanillo de las apuestas.

e

—Las primeras horas de la mañana. Está uno descansado, las carreteras están más tranquilas (en

h

—La de Matalascañas (Huelva), con arena fina y —novedad de este verano— sin las casas de madera instaladas anteriormente allí.

i

—La de Palma de Mallorca al archipiélago de Cabrera, ida y vuelta en el día en buque de la Transmediterránea (los viernes) o barco particular. Con éste se puede pasar dentro por las cuevas naturales creadas en los acantilados de Cabrera.

c

—Sobre todo para los niños, el de Marineland, en Blanes, a 10 kilómetros de Palma de Mallorca, con un acuario y jardín zoológico donde focas y delfines demuestran sus habilidades.

f

—Lanzarote, en las Canarias, es una isla de fuego y lava, donde los volcanes están todavía activos. La mejor manera de contemplarlos es dando un paseo al parque natural de Timanfaya a lomos de este sufrido animal africano.

j

F   ii**

Find the answers to the following questions about 'Las Costas de España' in the article below.

1   ¿Dónde hay monumentos árabes?

2   ¿Dónde se puede comprar sin pagar impuestos?

3   ¿Dónde se come sopa fría?

4   ¿Dónde hay un clima suave?

5   ¿Dónde hay muchos bosques y campos verdes?

6   ¿Dónde hay iglesias románicas?

7   ¿Dónde se puede comprar zapatos baratos?

8   ¿Dónde podemos bañarnos en el mar en el invierno?

9   ¿Dónde se hacían las películas del Oeste?

10   ¿Dónde hay un volcán?

vocabulary F

camello	camel
clima (*m*) suave	cool climate
bosque (*m*)	a wood

Las Costas de España

España está rodeada de costas, de playas de arena dorada, acantilados y rocas. Pero también es tierra de arte y cultura, de artesanía y variada cocina. Elija su destino favorito, le aconsejamos que nos siga.

Si le gustan los deportes acuáticos, le aconsejamos que vaya a la Costa Dorado o a la Costa Blanca, donde podrá tomar el sol, practicar el submarinismo, el esquí acuático o la vela. La diversión está asegurada, pues hay un gran ambiente nocturno. Si va a Alicante, le recomendamos que compre zapatos y piel, y, si va a Valencia, no se olvide de comer una buena paella.

Si prefiere ver una tierra de profundas influencias árabes y monumentos extraordinarios, vaya a Andalucía, donde encontrará también maravillosas playas.

Pero, no se quede tomando el sol, visite el interior. Verá la famosa Alhambra de Granada, la Mezquita de Córdoba o la plaza de toros más antigua de España, en Ronda.

Si lo que le apetece es el lujo y el ambiente de la alta sociedad, Marbella es el lugar que busca. Allí encontrará a sus actores favoritos y a algún príncipe o jeque árabe. Si busca los paisajes del lejano Oeste, conviene que se acerque hasta Almería, descubrirá un verdadero desierto a pocos kilómetros de la costa, donde se hacían las películas de Oeste. Para comer le recomendamos una sopa refrescante, el gazpacho.

Si quiere "veranear" en invierno, vaya a Canarias, donde encontrará una temperatura ideal todo el año. Allí es posible tocar la nieve y bañarse luego en la playa más cálida; se pueden encontrar jardines junto a desiertos y volcanes. Es el paraíso de las compras y, además, libre de impuestos. Le aconsejamos que dé un paseo en camello, admire el paisaje lunar de Lanzarote o suba al volcán Teide, en Tenerife.

¿Le gustaría pasar unos días entre campos verdes, bosques y playas bellísimas, además de gozar de un clima suave? Viaje al Norte de España, al Cantábrico o Galicia, y pruebe el pescado, los mariscos o el queso. No olvide visitar las iglesias románicas del Camino de Santiago.

No hay que explicar muchas cosas sobre Mallorca, mundialmente conocida, pero si está interesado en conocer el resto de las Islas Baleares, encontrará tranquilidad y belleza en Menorca, diversión y libertad en Ibiza, la isla donde veranean los famosos y los hippies nostálgicos. Vale la pena que recorran en bicicleta la pequeña y aislada Formentera y que coma langosta y compre ropa, perlas o zapatos.

Pero, sobre todo, le aconsejamos que se aleje un poco, o bastante, de la costa, que vaya a esquiar al Pirineo o a admirar la llanura y los monumentos del interior; descubrirá un mundo nuevo, conocerá de verdad España.

De Compras

 A i

Look at the photographs of four different types of shop. Match them to the names below.

1

3

2

4

a) Carnicería

b) Comestibles

c) Pescadería

d) Frutería

 A ii

In the shopping list on page 86, the items are in random order. Decide which kind of shop you need to go to for each item and then regroup the items accordingly, shop by shop.

manzanas

judías verdes

jamón serrano

merluza

lomo

aceite

pollo

tomates

panecillos

gambas

salchichón

2 barras pan

sal

azúcar

A iii

You and your friends are planning to give a small party and you have been asked to do the shopping. With one or two of your classmates decide on a list of about ten items of food and drink that you think you will need. Write the list in Spanish if you can.

Now check from the special offer list on the next page. Which of the items on your list appear?

A iv

Below you will see a list of items taken from the special offer list in **A iii** and translated into English. The prices are in the wrong order. Match the items and prices, using the **A iii** list to help you.

Smoked ham	54
Sardines	196
Cheese	169
Orange juice	63
Sausages	85
Stuffed olives	91
Salted peanuts	720
Tuna fish	120

A v

Ana and María share a flat and today was Ana's turn to do the shopping. Look at her note to María explaining why she was not able to buy everything on her list.

What items didn't she buy?

What reasons does she give?

Why can't she buy them this afternoon?

Hola María,

Como ves, no he podido comprar todo. Me he olvidado de comprar panecillos en la panadería y no tenían jabón de la marca que quieres en el supermercado. Iba a comprar un pastel para mañana pero no me quedaba dinero.

¿Puedes comprar las cosas que faltan esta tarde? Tengo que salir y no volveré hasta la noche

Besos

Ana

Pepinillos MF. vinagre Río Verde, tarro kilo	**159**
Aceitunas rellenas de anchoa Alisa, lata 450 grs. bruto	**85**
Salchichas Frankfurt Louriño, lata ½ kilo	**91**
Cacahuetes sin piel salados Brasilia, caja 100 grs.	**54**
Chocolate con leche extrafino Nestlé, tableta 150 grs.	**99**
Foie-gras Apis, lata 80 grs.	**32**
Atún claro en aceite Isabel, pack 3 unidades, R.O. 100	**196**
Filete de anchoa Albo, lata ¼, rect., 90 grs.	**166**
Mejillones en escabeche, 8/10, Miau, lata ¼, oval	**103**
Sardinas en aceite, tomate y escabeche Isabel, lata ¼, club	**63**
Refresco Seven Up, lata 333 c.c.	**32**
Tónica Schweppes, pack 6 unid. bote 180 c.c.	**168**
Agua mineral Font-Vella, botella 1 ½ litros	**32**
Zumo tropical Zumley, brik litro	**120**

Galletas Ritz Artiach, paquete 90 grs.	**59**
Jamón cocido extra al horno La Selva, kilo	**790**
Mortadela T. Bolonia Morte, kilo	**790**
Salchichón 1.ª El Cazador, J. Sala Riera, kilo	**690**
Pan de molde Bimbo-2	**119**
Patatas prefritas McCain, bolsa 800 grs.	**119**
Hamburguesas McCain, bolsa 340 grs.	**139**
Croquetas La Cocinera, bolsa 600 grs.	**185**
Empanadillas de bonito La Cocinera, estuche 500 grs.	**325**
Jamón serrano lonchas Purlom, sobre 80 grs.	**169**
Mantequilla Reny Picot, mantequera 180 grs.	**139**
Chorizo cular de Salamanca Julián Martín, kilo	**1.490**
Sobrasada de Mallorca suprema Soler, kilo	**640**
Queso T. manchego tierno Los Claveles, kilo	**720**

 A vi

Using your shopping list from **A iii** (or write another if you prefer), write a note in Spanish to your friend describing three things you did not buy and explain why. Give a reason why you can't do it yourself and ask him/her if he/she could buy them when he/she gets in. Use the underlined phrases in the **A v** note to help you.

vocabulary A

panadería	baker's shop	salchichón (*m*)	salami
carnicería	butcher's shop	pan (*m*)	bread
frutería	greengrocer's shop	sal (*f*)	salt
pescadería	fish shop	azúcar (*m*)	sugar
comestibles (*m*)	grocer's shop	aceituna	olive
judías verdes	green beans	salchicha	sausage
jamón (*m*) serrano	smoked ham	cacahuetes (*m*)	peanuts
merluza	hake	atún (*m*)	tuna
lomo	pork	galleta	biscuit
aceite (*m*)	oil	jabón (*m*)	soap
pollo	chicken	supermercado	supermarket
panecillo	bread-roll	quedar (dinero)	to have money left
gamba	prawn	No me queda dinero	I have no money left

 B i

Look at the services offered below by a well-known hypermarket. Match the texts with the pictures.

MAS DE 1.500 PLAZAS
GRATUITAS PARA PODER
APARCAR COMODAMENTE
a

SERVICIO ESPECIAL
DE EMPAQUETADO
b

40.000 ARTICULOS
DISTINTOS
c

ABIERTO DE 10 DE LA
MAÑANA A 10 DE LA NOCHE
ININTERRUMPIDAMENTE
d

25 TIENDAS
ESPECIALIZADAS
Y 2 BARES
e

SERVICIO DE REPARTO A DOMICILIO,
EN MUEBLES Y ELECTRODOMESTICOS
(CONSULTENOS)
f

1.500 CARRITOS DE COMPRA
PARA FACILITARLE
SUS COMPRAS
g

RESTAURANTE
BUFFETT LIBRE
FLUNCH
h

B ii

The texts (**a–i**) which accompany the following items (**1–9**) are listed below. Match the texts with items by putting numbers and letters together.

a) Sólo es "tu música" . . . si la gra BASF tú mismo

b) Si quiere tener un jardín bien verde elija la línea azul.

c) Las juguetes que parecen de verdad.

d) Una especialidad para cada tipo de cabello.

e) Una pila de ventajas.

f) Líder en el colegio

g) Máquina de escribir electrónica compacta.

h) Más blanco no se puede.

i) Para cuidar su coche.

1

2

3

4

5

6

7

8

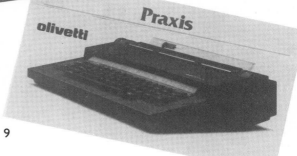

9

B   iii**

On the back of the soap-powder packet below there is a special offer and a number of opportunities to win prizes.

1   What is the offer?

2   How many times do they award the prizes in the draw?

3   The first prize is a journey to the USA. Write down four details about it in English.

4   In order to enter the competition:

   a)   how many entry forms are you allowed to submit?

   b)   how will the results be published?

   c)   who is not allowed to participate?

vocabulary B

cabello	hair
juguete (*m*)	toy
pila	battery
máquina de escribir	typewriter
batería de cocina	kitchen utensils, pots and pans
pareja	a couple (people)
sorteo	draw (in a raffle, etc)
empleado/a	employee
gastos	expenses

 C i

Study the guide from a large department store. It is followed by a list of items you might want to buy.

Indicate which floor you would go to for each item.

GUIA DE NAVIDAD.

6.ª Muebles, tapicerías, toallas, ropa de cama y mesa, cafetería, restaurante.

5.ª Menaje de hogar, electrodomésticos, listas de boda, **EXPOELECTRONICA** y regalos preparados.

4.ª Joven ella, joven él, cosas, deportes, regalos para jóvenes, discos.

3.ª **JUGUETES.** Tejidos. Niños, niñas y bebés. Estafeta «Cartero Real» de SS.MM. los Reyes Magos de Oriente. Adornos Navidad.

2.ª Caballeros, etiqueta, viaje, complementos, agencia de viajes. **TIENDA DEL REGALO**

1.ª Señoras, complementos, selección fiesta, peletería, zapatería **TIENDA DEL REGALO**

B.ª Perfumería, joyería, discos, complementos, bolsos, librería, pañuelos, imagen y sonido. **CHRISTMAS**

S^tno Supermercado. **JUGUETES CESTAS DE NAVIDAD**

P.1 Carta de compras y aparcamientos.

1 a towel

2 a pair of ladies shoes

3 a pair of sports shoes

4 a pair of trousers for men

5 a tennis racquet

6 a record

7 a personal stereo cassette

8 a bottle of perfume

9 a ring

 C ii

Now invent lists of three or four items and test your friends, using the same store guide.

 C iii**

In the same store guide there is a resumé of services offered.

1 What does it say about:

    a) the sales staff?

    b) safety?

2 What special services do they offer?

3 What system do they have for the collection of goods?

4 What privilege do you have if you are resident overseas.

BIENVENIDO A EL CORTE INGLES

Se encuentra Vd. en uno de los Centros Comerciales, de la primera cadena de Grandes Almacenes de España, donde encontrará innumerables pequeños detalles que harán más grata su estancia:

— Amabilidad y profesionalidad en la atención de nuestros vendèdores.

— Servicios especiales:

  . Agencia de Viajes.

  . Cambio de moneda extranjera.

  . Servicio de intérpretes.

  . Cafetería.

. Restaurante.
. Aparcamiento.
- Seguridad durante su estancia. Instalaciones contra incendios, escaleras de emergencia, etc.
- CARTA DE COMPRA. ¡No cargue con sus paquetes! . Utilizando la carta podrá recoger toda su mercancía en la CAJA DE CARTA DE COMPRAS ¡solicítela a nuestros vendedores! .

HORARIO COMERCIAL: 10-20 H.

DESGRAVACION FISCAL

SI ES USTED RESIDENTE EN EL EXTRANJERO y ha realizado compras en nuestros departamentos, recuerde que puede beneficiarse de la correspondiente Desgravación Fiscal de acuerdo con la legislación vigente.

SOLICITE INFORMACION a cualquiera de nuestros vendedores antes de iniciar las mismas.

vocabulary C

aseos	toilets
entrada peatonal	pedestrian entrance
ascensor (m)	lift
muebles (m)	furniture
tapicería	upholstery
electrodomésticos	electric appliances
toalla	towel
caballeros	menswear
disco	record
joyería	jewellery
vendedor/a	salesperson/sales assistant
agencia de viajes	travel agency
cambio de moneda	currency exchange

¡Hola, Carmen!

Estoy muy cansada porque hoy he estado de compras. He ido a muchos sitios. Me quiero comprar unos pantalones y unas zapatillas de deporte.

También me he comprado una falda de cuadros y una blusa para mi madre.

De todas formas me he comprado un cinturón de piel que era barato.

Después he ido a Galerías Preciadas y me he comprado un frasco de perfume muy bueno.

Con el dinero que me ha quedado voy a ir a un mercadillo que ponen los domingos en mi ciudad. A veces hay cosas muy baratas.

Primero he ido al Corte Inglés. Había cosas preciosas, pero eran muy caras. Hay una sección dedicada a artesanía y allí compré un regalo para una amiga inglesa.

Antes me tomé un café en la cafetería porque estaba muy cansada

Vi una blusa de seda blanca que te iría muy bien.

Hasta luego.

 D ¡**

The following letter describes a shopping expedition. The sentences, except the opening one, are in the wrong order.

Work with a partner to put the sentences in the right order. If you need help use the guide that follows the letter.

a) First . . .

b) Even though most of the things were expensive she bought this cheap.

c) She bought a present for a member of her family.

d) She saw something that would suit her friend.

e) She also has a friend from another country.

f) Then she went to another shop.

g) Before all this, refreshment to ease fatigue.

h) She has some money left.

i) She intends to buy two things for herself.

 D ii**

The letter below was written by someone who bought something in Spain and who has now returned home. Unfortunately there is something wrong with the item and he is asking his friend, with whom he stayed, if he can take it back to the store.

Read the letter and then complete the following chart.

 D iii**

Some important words and phrases are underlined in the letter in **D ii**. Using this letter as a guide to help you, write a similar letter to a friend in Spain.

The chart below will help you. Choose information from it or make up your own.

Item	radio	sweater
Fault	broken	lost colour
Request	change it	refund
Receipt?	Yes	No
Other message	—	Spend money on something else

> Te envío el reloj que compré en Galerías el día antes de marcharme a casa. Supongo que lo recibirás pronto. Se paró hace unos días y no ha vuelto a funcionar. No sé que le pasa. Te agradecería que lo llevases a la tienda a ver si pueden cambiármelo o repararlo. Tiene garantía. El único problema es que no encuentro el recibo por ningún sitio. Quizás lo dejé en tu casa. ¿Puedes mirar a ver si lo tienes tú? De todas formas

Item

Fault

Request

Receipt?

Other message

vocabulary D

funcionar	to work/function
(mi reloj) no funciona	(my watch) doesn't work
suponer	to suppose
aunque	although
Te agradecería que lo llevases . . .	I would be grateful if you would take it . . .
encogerse	to shrink
devolver (dinero)	to refund (money)

E ¡**

What advice would you expect to find in a consumer magazine to protect you as a customer during the sales ('las rebajas') when you go shopping for clothes?

Read the five pieces of advice from one such magazine below. Which of the eight pieces of advice in English are *not* mentioned in the magazine.

a)   Find out if you can change the item before you buy it.

b)   At the end of the sale, although they offer big reductions, these are usually only for very large or very small garments.

c)   Make sure the garment carries cleaning instructions.

d)   Check size, buttons, colour, etc.

e)   Before you go out make a list of what you need.

f)   Check to see what it is made of.

g)   Only choose shops which indicate the sale price and the pre-sale price.

h)   Find out where the garment was made.

ALGUNOS CONSEJOS

– Antes de salir de casa haga una lista de lo que necesita realmente.

– Escoga los comercios que indican el precio de rebaja y el anterior.

– En confección, compruebe la talla, el colorido, costuras, dobladillos, botones y ojales.

– Entérese de si puede cambiar el artículo si no le vale.

– Los "remates" de rebaja pueden ofrecer precios interesantísimos. Sin embargo, en confección suelen quedar solamente tallas muy grandes o muy pequeñas.

---

vocabulary E

rebajas	sales
confección (f)	clothes for sale
talla	size
costura	sewing, seams

 F ¡**

In the shoppers' guide to Zaragoza, shown on page 95, you will find references to types of shops and different shopping areas. These are given numbers in the key below.

1   Mercado Central

3   La Plaza de San Francisco

5   La Plaza de San Felipe

7   Calle Costa

9   San Miguel

2   La Romareda

4   La Plaza de Santa Cruz

6   Paseo de la Independencia

8   Centro Independencia

10 El Tubo

Add the appropriate number from the key to each of the types of shops listed below, using the information from the article.

a)   Young fashion shops in a pedestrian precinct

b)   Antiques

c)   Stamps

d)   High quality shops and stores

e)   Fashion clothes

f)   Bazaars and novelty shops

g)   Cinemas, beauty salons, fast food bars

h)   Popularly priced clothes

h)   Art

j) · Ceramics

Vivir Zaragoza

Dónde comprar

AL AIRE LIBRE

Las mañanas del domingo traen a distintas plazas y calles de la ciudad mercadillos y puestos ambulantes con sabor popular. El rastro oficial, situado junto al **Mercado Central**, ofrece antigüedades caseras y toda clase de curiosidades con algunos años. El mercado propiamente dicho queda instalado los miércoles y los domingos por la mañana en las inmediaciones del campo de fútbol de **La Romareda**, y en él se concentra la confección, los complementos y la ropa de hogar a precios muy populares. **La plaza de San Francisco** reúne a los amantes de la filatelia y numismática, que venden, compran e intercambian al amparo de los porches más próximos a la Ciudad Universitaria. Dos plazas del casco antiguo, las de **Santa Cruz** y **San Felipe**, concentran manifestaciones artísticas y artesanales. La segunda, dedicada especialmente a la cerámica creativa, acoge los puestos únicamente el primer domingo de cada mes.

GRANDES ALMACENES

El Corte Inglés y **Galerías Preciados**, en la zona centro, son los centros comerciales de mayor volumen de la ciudad. Otros nombres de grandes almacenes, ya de corte popular, son **C & A, Gay** y **Galerías Primero.**

ZONA CENTRO

En torno al **paseo de la Independencia,** arteria clave de la ciudad, limitando en sus extremos con la **plaza de Paraíso** y con la **plaza de España**, se extienden una serie de establecimientos de gran nivel, dedicados a alta confección masculina y femenina, joyerías, complementos del vestir, artículos de regalo y elementos auxiliares para el hogar, salpicados entre bancos, restaurantes y edificios de la administración pública. En las calles adyacentes como **Costa** o **Cádiz**, abundan las tiendas de moda con marcas de prestigio. Dentro de esta zona es preciso destacar el **Centro Independencia,** una concentración de establecimientos de reciente creación con especial atención a la moda joven de diseño cuidado, zapaterías, bisutería y regalos con estilo. En el centro, también llamado «caracol», por su estructura, se disfruta de cines, restaurantes de comida rápida, papelerías, institutos de belleza, tiendas de material fotográfico, etc. Del paseo de la Independencia sale también la calle **San Miguel,** recuperada como zona semi-peatonal, donde se afianza un interesante núcleo de boutiques de moda juvenil, zapaterías de extensísimo surtido y precios generalmente asequibles. Como cita tópica en el turismo practicado en Zaragoza, cabe mencionar los bazares y tiendas de baratijas del **Tubo,** que tiene su entrada más conocida en la plaza de España:

 G i**

Here is a short quiz to test your knowledge of the history and facts and figures about jeans ('vaqueros' or 'tejanos'). The questions are in Spanish. Form small teams and choose what you think are the correct answers before looking at the article that follows.

1   El creador de los vaqueros fue

a)   John Denim

b)   Levi Strauss

c)   Jean Wrangler

2   Nació en

a)   Estados Unidos

b)   Francia

c)   Alemania

3   Inició el negocio de los tejanos en

a)   Texas

b)   Nueva York

c)   San Francisco

4   Fundó su primera empresa en

a)   1890

b)   1850

c)   1920

5   Su idea era fabricar pantalones resistentes para los

a)   vaqueros (cow-boys)

b)   agricultores y ganadores

c)   mineros (buscadores de oro)

6   El primer tejido que utilizó fue

a)   tela de lona de Texas

b)   tela de lona importada de Génova (Italia)

c)   Algodón importado de Nimes (Francia)

7   Estos pantalones se llamaron 'jeans' porque

a)   su creador se llamaba Jean

b)   los norteamericanos no podían pronunciar Génova

c)   la primera persona que se los puso se llamaba Jean

8 El invento al principio

a) no tuvo éxito

b) tuvo poco éxito

c) tuvo un éxito enorme

9 El pantalón vaquero se extendió por Europa

a) a principios del siglo 20

b) en los años 20

c) en los años 50

10 La mayor empresa mundial de vaqueros fabrica

a) 150 millones de pantalones al año

b) 230

c) 530

vocabulary G

vaqueros, tejanos	jeans
creador/a	creator, inventor
negocio	business
empresa	company, firm
fabricar	to manufacture
tejido	fabric
tela de lona	canvas
algodón (m)	cotton
tener éxito	to be successful

Extra

Tejanos para todos

Un alemán inventó para los mineros los pantalones más populares del mundo

ALGUIEN que tenga menos de cuarenta años puede concebir un mundo sin pantalones «vaqueros»? Cuando se cumplen 130 años de su creación y la más importante firma norteamericana logra fabricar 230 millones de pantalones al año, la historia del «jean» permanece casi desconocida.

Levi Strauss fue su creador, pero murió sin saber que había inventado una forma de vestir que llegaría a constituir todo un estilo de vida. Bávaro de nacimiento y norteamericano de nacionalidad, Strauss fue uno de tantos emigrantes que cruzaron el Atlántico para establecerse en Nueva York. Pero las cosas no le fueron bien en la gran ciudad y decide cambiar de costa. No se marcha a Tejas ni es en ese estado donde inicia el negocio de los «tejanos». Atraído por la fiebre del oro, decide instalarse en San Francisco, donde nunca encontrará la mina buscada, pero sí la fortuna.

Pantalón minero

En 1850 funda una pequeña empresa dedicada a algo insólito: la fabricación de unos pantalones que resistan horas y horas de duros trabajos en las minas. Para ello utilizó la tela de lona de las tiendas de campaña, un tejido que había que importar de Génova —el término «jean» es una mala pronunciación norteamericana del nombre de la ciudad italiana— y cuya resistencia era la garantía para que fueran aceptados masivamente por los mineros.

El invento tuvo tanto éxito que, en 1873, el creador de los «vaqueros» funda una empresa de mayor envergadura, a la que llama Levi Strauss & Co.. La compañía patenta los «jeans», abandona la tela de lona de las tiendas de campaña y decide importar de Nimes una tela de algodón azul, muy resistente. Pero eso no es todo. Hay que someter al nuevo pantalón a una prueba de fuerza para que su bien merecida fama no disminuya.

La prueba del caballo

Los encargados de hacerlo son, naturalmente, dos mineros y el examen consiste en atar un par de pantalones a dos caballos mirando en direcciones contrarias. Los animales, obligados a tirar cada uno de una punta, no logran romper el «jean» y los pantalones pasan la prueba tan airosamente que los dos caballos y el «vaquero» entre medias se convierten en el símbolo de la marca «Levi Strauss». La fama se extiende por toda California y los «Levi» se convierten en el atuendo obligado de los buscadores de oro. El pantalón vaquero, tal y como lo conocemos hoy, había sido inventado.

Pero tiene que transcurrir todavía mucho tiempo hasta que su fama traspasa las fronteras del estado de California. En 1902, cuando Levi Strauss muere, la fábrica es ya un negocio próspero, pero todavá hay que esperar tres décadas para que los peculiares pantalones sean la prenda de trabajo de granjeros, agricultores y vaqueros o «cow-boys». El segundo período de expansión ha llegado y con él otro nombre que también se hace popular en todo el mundo: «vaqueros», en recuerdo de esos hombres convertidos en héroes por obra y gracia del cine. El calificativo de «tejanos» es de este período y fruto también de Hollywood.

Al final de la Segunda Guerra Mundial, el «jean» se ha extendido por Estados Unidos no sólo como prenda de trabajo, sino como pantalón «sport» de toda la población norteamericana, independientemente de la actividad o la clase social a la que se pertenezca. Los soldados estadounidenses dan a conocer los vaqueros en Europa y en la década de los cincuenta tiene lugar el «boom mundial», un «boom» que no va a decaer en muchos años.

Cientos de fábricas, dedicadas exclusivamente a la fabricación de pantalones vaqueros aparecen en todo el mundo.

Vestirse de azul

La juventud se viste de azul. Los «jean» sirven para ir a bailar, para ir a clase, para trabajar, para pasear por la ciudad, para ir al campo. Los modelos no son ya todos iguales. Los hay más clásicos, aparecen creaciones más sofisticadas, los precios varían, pero todos tienen un denominador común que garantiza su ortodoxia: tela resistente, color azul y tejido de algodón.

Levi Strauss & Co, que sigue perteneciendo a través de casi siglo y medio a la misma familia, se destaca como la mayor empresa mundial de la confección, con una producción de 230 millones de pantalones al año. Con el tejido que utilizó en 1980 se hubieran podido dar seis vueltas a la Tierra y con el hilo con el que se cosieron los «jean» se hubieran podido hacer 18 viajes de ida y vuelta a la Luna.

Servicios

A i **Bank or Post Office?**

When in Spain you will find some of these signs in the bank and others in the post office. Indicate which signs belong to the post office (Correos) by writing 'C' and which belong to the bank (Banco) by writing 'B' next to the appropriate numbers.

1	MONEDA EXTRANJERA
2	CERTIFICADOS
3	GIRO POSTAL
4	CHEQUES DE VIAJE
5	CAJA
6	CUENTAS CORRIENTES
7	SELLOS
8	PAQUETES
9	TELEGRAMAS
10	INGRESOS
11	EXTRANJERO
12	PAGOS
13	TARJETAS DE CRÉDITO
14	CAJERO AUTOMÁTICO

A ii

Which of the signs would you go to if you wanted to do the following?

a) Send a parcel.

b) Pay some money into your bank account.

c) Send some money abroad.

d) Change some foreign money.

e) Withdraw some money from your bank account.

f) Send a registered letter.

g) Send a letter abroad.

h) Buy some stamps.

A iii

The bank document on page 98 shows details of a Travellers Cheque transaction. From the information given, find out the following:

1 The number of cheques.

2 Where the cheques came from.

3 How much money the customer wanted to change.

4 The exchange rate.

5 The amount of money the customer received (in pesetas).

6 The amount of commission taken by the bank.

vocabulary A

sello	stamp
Ingresos	'paying-in' counter in the bank
certificado	recorded-delivery mail
caja	cash counter
paquete (m)	parcel
cuenta corriente	current account
Pagos	'paying-out' counter
tarjeta de crédito	credit card
cajero automático	automatic cash dispenser
importe (m)	an amount of money

B   ¡**

1   This is the first part of an advertisement for a
    well-known credit card. It states that if your card is
    stolen your grandmother will help to solve the
    problem. How do you think she can do this? Work
    with a partner and think of some ideas.

2 Now check the text below to see if any of your ideas correspond with the advertisement. Give details.

3 What will the bank do to help you after your grandmother has helped you? Mention two things.

4 Mention three more services that the card provides.

Si durante un viaje pierde o le roban su Tarjeta Barclays Premier Card, no se alarme: comuníquelo al Servicio Visa de Atención al Viajero* y diga el nombre de su abuela. Este formará parte de una clave que sólo usted y el Banco conocerán.

Contestando el nombre de su querida abuela y el resto de la clave, sabremos que usted es el verdadero titular y rápidamente le atenderemos en la emergencia en que se encuentre.

Ponemos a su disposición, durante las 24 horas del día, los 365 días del año, en cualquier parte del mundo, dinero suficiente para continuar su viaje, así como comunicar por teléfono o telex a su familia o empresa las posibles modificaciones de su programa.

Vaya tranquilo: con la misma facilidad que la tarjeta Visa Oro del Barclays Bank le abre a usted todas las puertas, las cierra automáticamente a quien la encuentre

* Contactará telefónicamente con este servicio, a cobro revertido, desde cualquier parte del mundo. Todos los seguros están contratados con Fénix Peninsular, S. A.

o la robe. Su responsabilidad se limita sólamente a 25.000 Ptas.

Además, tendrá un seguro por pérdida de equipaje por 100.000 Ptas.

Otros servicios de la Barclays Premier Card: reserva garantizada de hoteles, dinero en efectivo en más de 120.000 oficinas bancarias y cajeros automáticos por todo el mundo e incluso un seguro de accidentes de hasta 50 millones de pesetas.

Si puede, tenga una Barclays Premier Card, la forma más segura de ir sin dinero por la vida.

BARCLAYS BANK

BARCLAYS PREMIER CARD.
LA TARJETA VISA ORO DE BARCLAYS BANK.

vocabulary B

abuelo/a	grandfather/mother
clave (*f*)	code
titular (de una tarjeta) (*m/f*)	(card-) holder
cualquier punto de España	anywhere in Spain
cualquier parte (*f*)	anywhere
contabilidad casera (*f*)	domestic accounts
declaración de Hacienda (*f*)	tax return
informática	computing

 C i

The details of addresses for five people are given below. Put the information for each one in the right order and address an envelope for each. If you need help look at **C ii** for an example.

Name	Town	Number	Street	Door	Floor	Code
Ana Martínez	Zaragoza	54	Asalto	B	4th	50002
Andrés García	Madrid	3	Júcar	1st	7th	28123
Antonio Crespo	Teruel	78	Miguel Servet	C	5th	44005
Rosario Gimeno	Huesca	25	Coso	A	9th	22001
Manuel Ruiz	Soria	10	Exterior	2nd	1st	42006

 C ii

Antonio, from Teruel, wrote a letter to his friend Rosario, from Huesca. Look at the way he addresses the envelope, what he writes on the back of the envelope, and the way the letter is laid out.

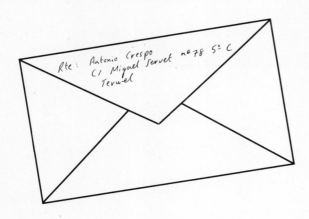

Teruel, 23-7-88.

Querida amiga,

¿Qué tal? Te escribo a ver si tu hermana ha recibido el regalo que mandé la semana pasada para su cumpleaños. Espero que la talla del jersey sea la suya. Cuando estuvo aquí me dijo que le gustan mucho los jerseys de lana. Espero que éste le guste. Supongo que ya estará de vacaciones.

Una cosa. ¿Cuándo vas a instalar un teléfono en tu casa para que pueda llamarte?

Un abrazo,
Antonio

Antonio's letter is about a parcel.

1 Who was the parcel for?

2 Why did he send it?

3 Why does he not write directly to this person?

4 What was in the parcel?

5 When was it sent?

6 Are there any other messages or questions?

 C   iii

Now choose another of the people in the list (**C i**), and write a similar letter. Include the following information:

—when you sent the parcel.

—who it was for.

—what was in it.

—what it was for.

—any other message, question or information.

D i

1 In the telegram below there are *three* pieces of information, *one* wish and *one* request. What are they?

2 What do you think the invitation was for?

correo del lector

TELEGRAMA
DIRECCION GENERAL DE CORREOS
Y TELECOMUNICACION

INDICACIONES
RECEPCION
13 30

BE 6 BELCHITE DE MADRID 84127 29 1 12

INDICACIONES, DESTINATARIO Y SEÑAS
ROSA MARIA MARIN YUSTE
COMEDOR DEL SANTUARIO DE NUESTRA
SEÑORA DEL PUEYO

TELECOMUNICACION BELCHITE

TEXTO:
IMPOSIBLE ACOMPAÑAROS EXAMENES DE SEPTIEMBRE RECOGIDA
INVITACION AYER MUCHA FELICIDAD Y SUERTE ENVIAME
SEÑAS DE LONDRES

 D ii

Write similar telegrams with the following information. Remember to be brief in your message. Don't translate directly.

1 You will arrive at Madrid airport (Barajas) at 3 pm and will make your own way to your friend's house.

2 Your exam results were satisfactory and you will be able to visit your friend next week.

3 Make up others of your choice.

 ¡Cómo está Correos!

Señor director:

Uno.—El sábado pasado fui a adquirir sellos a la oficina central de Correos, a las siete de la tarde. La encontré cerrada a cal y canto. ¿Es normal esta situacón de un servicio público? (A esto le contestan a uno que las cartas se pueden depositar en los buzones «abiertos» a todas horas. Faltaría más que los cerraran por vacaciones o descanso nocturno. Y sin franqueo, ¿se pueden depositar también?) A esa hora están los estancos cerrados, y para más inri, dentro del edificio de Correos existe una máquina expendedora de sellos para usarla cuando las ventanillas de venta están cerradas. Si el edificio está «trancat» (como dirían los catalanes) a las horas en que las ventanillas también lo están, ¿cómo servirse el ciudadano de la tal máquina? ¿O tienen previsto sacarla a la calle y guardar el edificio bien cerradito? A las siete y media de la mañana, todos días, el mismo sigue cerrado, y no es hora intempestiva para una ciudad de 700.000 habitantes, y cuando las industrias, empresas, autobuses, movimiento de viajeros, etcétera, ya están en marcha hace tiempo. ¿Cuándo se puede hacer uso de los servicios de Correos en concreto? ¿No puede haber turnos? ¿No se dijo, no hace mucho, que iban a instalar una ventanilla «para todo» permanentemente las 24 horas del día en las principales capitales, y Zaragoza lo es?

D   iii**

In the letter on page 102 to a newspaper the writer criticises the post office.

1   He mentions three possible means of buying stamps. What are they and why was each impossible for him?

2   Describe the reasons he recommends that the Post Office should be open at 7.30 in the morning.

3   What was recently suggested for Post Offices in big towns?

4   He makes a suggestion to solve the problem. What is it?

5   Now list four items of vocabulary related to the postal service which mean the following:

   a)   two places where you can buy stamps (not the post office)

   b)   a pillar box

   c)   a serving position in the post office.

---

vocabulary D

buzón (*f*)	letterbox
estanco	kiosk (stamps, tobacco)
felicidad (*f*)	happiness
suerte (*f*)	luck
señas	address

 E   i**

The advertisement below gives information about a new system of telephones which accept credit cards. Before reading the text discuss with a partner whether you think the following statements are TRUE or FALSE. Then check your answers against the text.

1   The 'Compañia Telefónica' are introducing new types of phone booths for this new service.

2   You will be able to call from all over Spain.

3   You will be able to use cards or coins in the same phone.

4   The number of calls you can make is limited.

5   Instructions are shown in the booth.

6   The cost of your call is indicated visually.

Una vez más, Telefónica se adelanta a sus necesidades ofreciéndole un nuevo servicio.

Además de las cabinas habituales, Telefónica está instalando inicialmente en Madrid y Barcelona otras desde donde puede llamar utilizando indistintamente tarjetas de crédito o monedas. Usted elige.

Esta nueva modalidad de pago con tarjetas de crédito está llena de ventajas. Le permite realizar cuantas llamadas quiera sin tener que llevar monedas, y además efectuar el pago de las mismas en el plazo que usted tenga concertado con la entidad financiera emisora de su tarjeta.

Todas las instrucciones para realizar cada llamada le serán facilitadas a través del microteléfono y usted podrá conocer, en todo momento, el importe de la misma mediante un indicador visual.

Telefónica ha invertido importantes recursos financieros, técnicos y humanos para que este nuevo servicio esté a su disposición.

E ii

Read the instructions below, explaining how to make overseas telephone calls from Spain, and then write down (in English) exactly what you would have to do to phone your own or your friend's home. Include all numbers and instructions.

 Telefónica

En estos teléfonos no es necesario el uso de moneda metálica; Vd. puede abonar sus comunicaciones por importe superior a 500 pts., mediante las tarjetas de crédito:

● Para utilizar este teléfono es preciso disponer de moneda metálica.

- Para realizar una llamada telefónica dentro del país marcar primero el código territorial de la provincia y a continuación el número de teléfono a donde desee llamar.

- Para realizar una llamada telefónica internacional efectúe las siguientes operaciones al oir el tono de marcar:
  — Marque el 07.
  — Espere otro tono de marcar más agudo.
  — Marque el prefijo internacional del país elegido seguido del indicativo de la ciudad, región o departamento.
  — Marque seguidamente el número de teléfono a donde desee llamar.

- Para su mayor comodidad hemos incluido los indicativos internacionales de países y ciudades que pueden ser de su interés.

INDICATIVOS DE PAISES Y POBLACIONES
COUNTRY AND AREA CODES
INDICATIFS DES PAYS ET INTERURBAINS
LANDESKENNZAHL UND ORTSKENNZAHL

ALEMANIA R.F. 07-49		BAYONNE	59	**CARDIFF** 222
		BEZIERS	67	EDINBURGH 31
		BIARRITZ	59	FOLKESTONE 303
ANDORRA	9738	BORDEAUX	56	GLASGOW 41
AUGSBURG	821	BREST	98	LEEDS 532
BADEN-BADEN	7221	CANNES	93	LEICESTER 533
BERLIN	30	DIJON	80	LIVERPOOL 51
BOBINGEN	6327	GRENOBLE	76	LONDON (Londres) 1
BONN	228	HENDAYA	59	MANCHESTER 61
BREMEN	421	LE HAVRE	35	NEWCASTLE 782
BRENSBACH	6161	LE MANS	43	NOTTINGHAM 602
DORTMUND	231	LILLE	20	OXFORD 865
DUSSELDORF	211	LYON	7	SOUTHAMPTON 703
ESSEN	201	MARSEILLE	91	YORK 904
FRANKFURT	60	MONACO	93	
GÖTTINGEN	551	MONTPELLIER	67	**PAISES BAJOS** 07-31
HAMBURG	40	NANCY	8	
HANNOVER	511	NANTES	40	AMSTERDAM 20
HEIDELBERG	6221	NARBONNE	68	EINDHOVEN 40
KOLN (Colonia)	221	NICE (Niza)	93	HAARLEM 23
LÜBECK	451	NIMES	66	THE HAGUE (La Haya) 70
MANNHEIM	621	PARIS	1	ROTTERDAM 10
MÜNCHEN (Munich)	89	PAU	59	UTRECH 30
NORTHEIM	5551	PERPIGNAN	68	
NURNBERG	911	REIMS	26	**SUECIA** 07-46
OBERNDORF	9394	ROUEN	35	
OLZHEIM	6552	ST. ETIENNE	77	GOTEBORG 31
RATINGEN	2102	ST. JEAN DE LUZ	59	MALMO 40
STUTTGART	711	TOULOUSE	61	STOCKHOLM 8
WIESBADEN	6121	TROYES	25	UPPSALA 18
		VAL D'ISERE	79	VASTERAS 21
BELGICA 07-32				
		FINLANDIA 07-358		**SUIZA** 07-41
ANVERS (Amberes)	3			
BRUGES (Brujas)	50			BADEN 56
BRUXELLES (Bruselas)	2	**GRECIA** 07-30		BASEL (Basilea) 61
GAND (Gante)	91			BERN (Berna) 31
LIEGE (Lieja)	41			GENEVE (Ginebra) 22
NAMUR	81	**ITALIA** 07-39		GSTAAD 30
OSTENDE	59			LAUSANNE 21
DINAMARCA 07-45		**REINO UNIDO** 07-44		VADUZ 75
				LUGANO 91
FRANCIA 07-33				LUZERN (Lucerna) 41
		BELFAST	232	MONTREUX 21
AIX EN PROVENZE	42	BIRMINGHAM	21	ST. MORITZ 82
AMIENS	22	BRISTOL	272	WINTERTHUR 52
AVIGNON	90	CANTERBURY	227	ZURICH 1

E iii

From these advertisements choose an ideal telephone
for each of the people quoted below.

a

*Habimat. Ordenador telefónico con capacidad
para 1.500 números de teléfono, direcciones y
datos. Cuesta 320.000 pesetas en Teltex.*

b

*Teléfono radio resistente
al agua, especial para el
cuarto de baño. Se
vende en Teltex por
10.500 pesetas.*

c

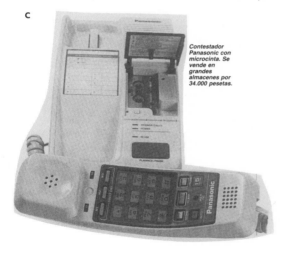

*Contestador
Panasonic con
microcinta. Se
vende en
grandes
almacenes por
34.000 pesetas.*

d

*Teléfono. Cuesta 9.970
pesetas en La
Continental (Príncipe de
Vergara, 48, Madrid) y
Hifison (Asunción, 70,
Sevilla).*

e

*Indice telefónico. Lleva
reloj incorporado.
Cuesta 3.510 pesetas
en La Oca (Doctor
Ezquerdo, 18,
Madrid).*

1 "Me molesta que me llamen por teléfono cuando
estoy en la ducha."

2 "Paso mucho tiempo fuera de casa y mis amigos se
quejan de que no pueden dejarme recados."

3 "Tengo mi oficina en casa y necesito un teléfono
que tenga muchos números y direcciones."

4 "Me gusta saber exactamente el tiempo que paso
hablando por teléfono porque hago muchas
llamadas internacionales."

5 "Quiero un teléfono sencillo para mi dormitorio."

E iv

The symbols below come from a Spanish telephone directory. They show the information services offered by the phone company.

Match the symbols with the appropriate texts.

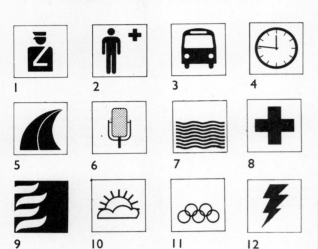

1

2

3

4

5

6

7

8

9

10

11

12

Información Horaria	Casas de Socorro	Bomberos	Noticias de RNE
a	b	c	d
Información Deportiva	Estación Autobuses	Tele-Ruta Estado Carreteras	Agua
e	f	g	h
Cruz Roja Urgencias – Emergenicas	Electricidad	Policía	Información Meterorológica General Local
i	j	k	l

2 What kinds of things do the callers try to sell?

3 Do you think there are any other uses for direct telephone marketing apart from selling things? There is an example in the text.

4 Why do you think some people might object to these types of calls?

5 Which two countries do you think were the first to engage in this activity?

6 What are the advantages of the telephone over other channels of communication?

7 Do you think there is anything illegal about this use of the telephone for selling?

Now check your answers with the text and find any other relevant information.

vocabulary E

marcar	to dial
código	code (telephone)
(tono) agudo	sharp/shrill (tone)
prefijo	prefix
ducha	shower
recado	message
sencillo	simple, straightforward
bombero	fireman
abonado	subscriber
sustituir	to substitute
violación de la intimidad	invasion of privacy
molestia	nuisance
llamada	(telephone) call
vendedor/a	sales man/woman

 E v**

The article on the opposite page discusses the practice of direct marketing by telephone which involves company representatives ringing you up and trying to sell you something. Before reading the article, work with a partner and try to answer the following questions. Check and confirm your answers by reading the article.

1 How do you think the caller will attempt to gain the interest of the prospective client?

 F i

Look at the weather map opposite and write appropriate captions for the symbols. Work with a partner and check your answers with another pair. The answers are given at the end of this unit.

Teléfono para todo

Los fabricantes de mensajes descubren un 'medio caliente' para hacer publicidad

JOSÉ F. BEAUMONT, **Madrid**

"Buenas tardes. Perdone las molestias. Le hablo en nombre del centro comercial ZXY. Esta semana tenemos una oferta que le va a interesar...". Si usted tiene paciencia para seguir escuchando tras descolgar el teléfono puede oír mensajes como éste, que pretenden introducirlo directamente en el mundo de los artículos de consumo, de la compra de automóviles o del contrato de servicios bancarios, financieros e inmobiliarios. Además, si usted vivió en Cataluña durante las últimas elecciones pudo también recibir llamadas al menos de tres partidos que decidieron hacer publicidad política utilizando este, llamado por los especialistas, *medio caliente*.

Este fenómeno comunicativo, al que los profesionales del sector llaman *marketing* directo, no es nuevo en España, pero en los últimos meses se ha producido la gran explosión de este tipo de servicios que aporta ganancias económicas a muchos y molestias personales a otros. Estados Unidos y el Reino Unido son los dos países pioneros. La incorporación de España se ha producido cuando ya existen prácticamente 10 millones de abonados al teléfono y una larga lista de espera para contratar una nueva conexión.

"El teléfono tiene la ventaja en relación con otros canales de comunicación de que es un medio caliente", dice José Tomás Moliner, presidente de la Asociación Española de Agencias de Marketing Promocional (AEMP). "Permite una comunicación más personalizada y más a la medida de cada grupo social y de cada individuo en concreto; además permite la retroalimentación o comunicación bilateral y muchas veces puede sustituir a las visitas personales".

Los profesionales del sector calculan que un vendedor puede conseguir por teléfono 50 contactos en una hora. El teléfono es, desde esta perspectiva, el gran auxiliar para las ventas porque sirve, entre otras cosas, para despertar el interés por un determinado producto o seleccionar al cliente.

La intimidad

Por encima de todos estos datos y consideraciones, el *marketing* telefónico y la publicidad por teléfono está siendo sometido sobre todo a una crítica: la posible violación de la intimidad. Para algunos esto requiere cuando menos que se adopten unas bases de funcionamiento ético. Hasta ahora no se ha determinado en qué medida una llamada telefónica puede violar la intimidad y, por tanto, la legalidad.

No hay nada legislado a este respecto. Al menos así lo considera el director general de Medios de Comunicación, Francisco Virseda, abogado, y responsable en gran parte de los borradores de normas sobre publicidad. "En el proyecto de ley General de Publicidad, que actualmente se debate en el Senado", dice, "no se contempla el medio telefónico ni otros medios de comunicación como soportes publicitarios; únicamente se hace referencia a los contenidos de la publicidad".

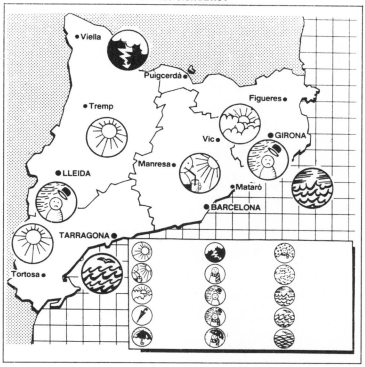

LA PREVISIÓN DE HOY

F ii**

Read the account of the weather for the Barcelona area shown below.

El poniente elevará el peligro de incendio

LINO DÍEZ

■ Barcelona. – El tiempo continuará siendo muy caluroso y seco en el área mediterránea. La situación sería normal en plena canícula si no fuera por el índice de peligro tan alto que hay. La sequedad, el calor y el viento son los factores más desfavorables que pueden darse a estas alturas del año para el bosque. Tras una primavera cálida y seca, el viento de poniente y temperaturas como los 38,4° de Castellón, los 37 de Valencia, los 34 de Tortosa o los 33 de Barcelona hacen que el monte se convierta en yesca y que la extinción sea difícil y peligrosa.

En Catalunya, las perspectivas para las próximas horas apuntan hacia la persistencia del viento fuerte del sector de poniente, que creará ambientes muy secos y recalentados. El paso de un frente madrugador no sólo no dejará precipitaciones apreciables fuera del Pirineo, sino que pasará inadvertido en muchos lugares. Las máximas subirán un poco más y en algunas zonas del Mediterráneo se aproximarán a los 40°.

En la zona marítima, el viento soplará con fuerza 4 a 6 de la escala de Beaufort y levantará marejada con áreas de fuerte marejada. En la costa habrá marejadilla con áreas de marejada.

1 Three weather conditions are described. What are they?

2 Why are these conditions dangerous?

3 How did the weather in the Spring add to this danger?

4 Has the weather been like this for some time or is it changing?

5 What will be the maximum temperatures?

 F iii

Using the map and the symbols, write a short postcard describing the weather during an excursion from Puigcerda to Barcelona via Vic and Girona.

Key to weather map in **F i**.

vocabulary F

soleado	sunny
calor	heat
caluroso	hot
nublado	cloudy
chubasco	shower
chaparrón (*m*)	downpour, cloudburst
lluvia	rain
tormenta	storm
frío	cold
nieve (*f*)	snow
niebla	fog
seco	dry
sequedad (*f*)	dryness
viento	wind
incendio	fire
marejada	heavy sea
precipitaciones	rainfall

Problemas y consejos

 A i

Some of the signs below correspond to the police force and others to doctors and the medical profession. Indicate 'P' for 'Policía' or 'M' for 'Médico' appropriately.

What does each sign mean?

```
AMBULATORIO

GUARDIA CIVIL

CASA DE SOCORRO

CRUZ ROJA

FARMACIA DE GUARDIA

GUARDIA MUNICIPAL

COMISARÍA

CONSULTORIO
```

 A ii

1 Look at the items of lost property listed below in a local newspaper. Write down, in English, the items lost by the following people:

a) Carlos Rodríguez Blanco

b) María Montero Rodríguez

c) María Rosario Pérez Gimeno

d) Basilisa Gutiérrez González

e) Consuelo Pérez Molina

2 How many

a) national identity cards

b) driving licences

c) credit cards

have been lost?

Tablón de anuncios

Objetos perdidos

Están depositados en la Policía local, calle Domingo Miral, sin número:

Máquina de escribir marca Olivetti.

Documento nacional de identidad de Rosa Isabel Lorente Maluenda.

Libreta de ahorro de María Asunción Mejías Martín.

Documento nacional de identidad de Ana María Ballarín Boteller.

Documento nacional de identidad, de conducir y tar- jeta de Basilisa Gutiérrez González.

Documento nacional de identidad y de conducir de Lioner Fleur.

Bolso de señora rojo con gafas y toallas.

Tarjeta de José Luis Colomina Navarro.

Billetero con documento nacional de identidad de Paula Avezuela Hernández.

Documento nacional de identidad y tarjetas de Carlos Fernando Irrisarri Ibáñez.

Reloj de señora marca Durward.

Documento nacional de identidad y recibos de María Carmen Costa Arto.

Chaqueta de señora de punto negro.

Permiso de conducir de Carlos Rodríguez Blanco.

Carpeta marrón con documentos de Jesús María Isla de la Peña.

Chaqueta de niño azul y blanca a listas.

Billetero con un abono de TUZSA de Francisca Cruz Hervilla.

Reloj despertador marca Tic.

Billetero con documento na- cional de identidad de María Montero Rodríguez.

Permiso de conducir y libreta de ahorro de Consuelo Pérez Molina.

Documento nacional de identidad de Jesús María Valenzuela Aranda.

Documento nacional de identidad de Juan José García Salvador.

Documento nacional de identidad de Antonio María González Gorostiza.

Bolso de señora con documento nacional de identidad de María Rosario Pérez Gimeno.

3 Which of the following items have been reported missing and which have not?

 A iii

Choose from the pictures one of the objects that have **not** been reported missing and write a letter to your friend describing the item, which you have left in his/her house.

vocabulary A

Ambulatorio	National Health clinic
Cruz Roja (*f*)	Red Cross
Guardia Municipal (*m/f*)	Town police
Guardia Civil (*m*)	Country police
farmacia de guardia	late-opening pharmacy
Comisaría	Police station
Casa de Socorro	First Aid post
Consultorio	Doctor's surgery
máquina de escribir	typewriter
documento nacional de identidad	national identity card
libreta de ahorro	savings book (bank)
billetero	wallet
recibo	receipt
chaqueta	jacket-cardigan
carpeta	folder/file
abono	season ticket
reloj despertador (*m*)	alarm clock
permiso de conducir	driving licence

	No 1	No 2	No 3	No 4
Where				
When				
Vehicles/people involved				
Result: damage, casualties				
Phone				

B i

Local newspapers sometimes ask for witnesses to traffic accidents to come forward to give information. Copy the chart on page 110 and add the relevant information from each newspaper item shown below. Information for each box is not always supplied.

Búsqueda de testigos

1 Se buscan testigos de un accidente de circulación ocurrido el día 27 del pasado mes de abril, en la avenida de Clavé, esquina a General Mayandía, cerca del acuartelamiento de la Policía Nacional, entre un turismo ranchera y un ciclomotor. Llamar al teléfono 233191.

2 Se buscan testigos de un accidente ocurrido el pasado 12 de julio, entre la 1,30 y la 1,45 de la madrugada, al final de la calle Miguel Servet, entre un Seat 127 de color blanco y un Ford Granada de color marrón. Se ruega llamar al teléfono 383569.

Busca de testigos

3 Con referencia a la busca de testigos de un accidente ocurrido en la intersección de la calle Zalfonada y la de Pablo Ruiz Picasso tenemos que aclarar que se registró a las 13 horas del día 4 de junio pasado, no de julio, como por error se dijo.

Quienes pudieron haberlo presenciado se ruega llamen al número de teléfono 298950.

Busca de testigos

4 Se buscan testigos de un accidente ocurrido el día 22 del pasado mes de mayo, en la avenida de Navarra, en el cruce del semáforo con Iriarte Reinoso. El accidente tuvo lugar a las cuatro de la tarde, entre un Renault 8 blanco, matrícula Z-6031-C y un GSX 3 color naranja, matrícula Z-5678-L. Se ruega llamar al teléfono 772042

 B ii

The following are items from a magazine in which friends and relatives ask for information on the whereabouts of missing persons. For each one, find out the following information:

1 Age.

2 How long ago they disappeared.

3 The circumstances of their disappearance.

4 The relationship to the missing person of the writer.

5 Description.

6 Any message to the missing person.

A Quisiera saber el paradero de nuestra hija, María Martín, de 18 años, que desde hace dos años falta de casa y no sabemos su paradero. María es delgada y mide 1.66.

Quienes sepan algo de su paradero que llamen a los números de teléfono: 94/682-63-53 (Juana Rodríguez) o 94/662-12-53 (Diego Martín) o escriban a: Juana Rodríguez C. Gaudí, n.° 3, 1.°, 2.ª GAVA (Barcelona)

B Desearía que me ayudasen a encontrar a mi madre, María Teresa Muñoz Salicio, de 42 años de edad. Tiene el cabello rubio, los ojos azules y mide 1,60 m de estatura. Estuvo viviendo en Fuengirola (Málaga), trabajando en un salón de belleza. Y las últimas noticias que tengo son de que estuvo viviendo en Madrid.

Si alguien puede ayudarnos a su localización, ruego se pongan en contacto con:

Iñigo Cobo Muñoz C. Santutxu, no. 52,5° dcha. 48004 BILBAO (Vizcaya). Telf. 96/531-96-42

SOS

C Busco a mi hermana, Manoli Carrasco Plaza, que se marchó de casa el mes de junio del año pasado. Tiene 20 años, lleva siempre una coleta y usa gafas. "Manoli, nuestra madre está mala, vuelve, por favor."

Si alguien conoce su paradero, por favor llame al teléfono

93/261-90-47

D Buscamos a nuestro nieto, Luis Ramón Martínez-Suárez de 10 años de edad, que viajaba con sus padres, residentes en Los Cánovas (Murcia), en un camión cisterna. Sufrieron un accidente y el matrimonio murió, pero no se encontró el menor rastro del niño. Rogamos a quien pueda dar alguna pista o aportar algún dato lo comunique a la Comisaría de Policía o Puesto de la Guardia Civil más próximo. También pueden dirigirse al teléfono 869/93/18-98 de Murcia.

 B iii**

Read the article on the opposite page about a boy who has recently disappeared from his home and find the following information.

1 Why did his parents start to worry?

2 Describe Javier at the moment of his disappearance.

3 Describe his character and his habits.

4 Give an explanation about the disappearance and his possible whereabouts.

 B iv**

Ricardo and José Ramón planned an adventure which is described on page 114.

1 Find out why they planned the adventure.

2 Describe their plan.

3 How did they travel?

4 What did they take with them?

5 What did they do in the following places?

   a) Renedo

   b) Tórtoles de Esgueba

   c) Aranda de Duero

   d) Boceguillas

   e) Buitrago

   f) Alcobendas

6 What difficulties did they have on the way?

7 How did the adventure end?

Continúa la búsqueda de Javier Salleras

En Fraga se duda que esté en la zona del Alcanadre

Huesca. **Redacción**

Javier Salleras desapareció hace 10 días de su domicilio de Fraga

Ayer todavía no había ninguna noticia sobre el joven de 17 años de edad Javier Salleras Moliner que desapareció el día 16 del presente mes en Fraga, localidad en la que vivía con sus padres. Las fuentes consultadas por HERALDO DE ARAGON rechazaron ayer tarde la posibilidad de que este joven se hubiera trasladado a la zona de los cañones del Alcanadre, a la vez que subrayaban que el desaparecido puede estar en la zona próxima a Fraga realizando ejercicios de supervivencia, idea que días antes había comentado a sus padres.

La familia de Javier Salleras Moliner comenzó a preocuparse por la ausencia del joven al comprobar que en el parking que habitualmente utilizaba no estaba su bicicleta. A primeras horas del día siguiente, 16, los familiares quedaron sorprendidos al observar que la bicicleta de Javier estaba en el parking. Sin embargo, y esto es lo que preocupó definitivamente a la familia, el joven no estaba en el piso de los bloques de viviendas San Simón, en el que pernoctaba a diario. Desde entonces, hace ya diez días, no ha habido ninguna noticia sobre su paradero, pese a las tareas de búsqueda que por las proximidades de Fraga realiza a diario una pareja de la Guardia Civil.

En el momento de su desaparición Javier Salleras, joven de 1,84 metros de altura, vestía pantalón negro, una camisa a rayas de color lila y blanco, calzaba unas deportivas y llevaba una mochila.

Un chico introvertido

Javier Salleras estudió el curso pasado tercero de BUP en el Instituto Nacional de Bachillerato Ramón J. Sender, de Fraga, y, según las fuentes consultadas por este periódico, es «bastante introvertido, amante de la naturaleza y poco amigo de salir por allí en cuadrilla». El joven desaparecido solía hacer «footing» a últimas horas de la tarde y largas caminatas por las proximidades de Fraga. Igualmente, era muy aficionado a salir con la bicicleta que apareció el pasado 16, un día después de que fuera detectada su ausencia, en el parking que solía utilizar.

Fuentes próximas a la familia indicaron ayer que Javier había anunciado a sus padres, a primeros de mes, que tenía la intención de realizar unos ejercicios de supervivencia durante varias jornadas, idea que no contó, al parecer, con el visto bueno de la familia.

Este dato, según algunos vecinos, puede explicar la desaparición del joven, que podría estar en las proximidades de Fraga llevando a cabo el proyecto que adelantó a sus padres.

Otras fuentes subrayaron ayer que el carácter de Javier Salleras hacía difícil una normal relación con la familia. En Fraga se mantiene la idea de que el joven no puede estar en la zona de los cañones del Alcanadre, posibilidad que se ha barajado en diferentes medios, llegando algunos vecinos de la localidad a afirmar que el desaparecido puede estar en alguna de las minas abandonadas que hay en la zona. Por ahora, pues, persiste la incógnita sobre el paradero del joven dado por desaparecido el pasado día 16.

La gran escapada en bici

Ricardo y José Ramón estaban tremendamente aburridos. Encerrados en habitaciones distintas con los libros de texto delante, pensaban que el verano se les iba a hacer muy largo. Y esa noche del 27 de julio, un poco más hartos que de costumbre de las matemáticas, decidieron correr su aventura.

La aventura terminó en las afueras de Madrid, cuando les robaron las bicis y el dinero mientras compraban pan.

Ricardo, de 14 años, estudiaba en la cocina y **José Ramón**, de 12, en el dormitorio. Su abuela quería evitarles distracciones. Pero eso no iba a ser un inconveniente. A través de la terraza idearon un plan perfecto para escapar a la monotonía de los libros y al calor de secano de Valladolid. Irían a la playa sin decir nada a nadie. Dudaban entre Cádiz, Huelva y Valencia y, al final, se decidieron por esta última ciudad que parecía más cercana.

Como no disponían de un mapa de carreteras, lo mejor sería llegar primero a Madrid para desde allí coger la carretera de Valencia. Y, ni cortos ni perezosos, cogieron sus bicicletas BH, una de ellas de bicicross, y, tras cargar las mochilas con un poco de ropa, los sacos de dormir y comida —20 latas de bonito, miel, dos kilos de azúcar y una cantimplora—, abrieron sus huchas. Tenían allí 6.000 pesetas. Las guardaron cuidadosamente y se pusieron en camino. La gran escapada había comenzado.

Dos cucharadas de azúcar

Esa primera noche la pasaron a 20 kilómetros de Valladolid en una casa abandonada de Renedo. El suelo estaba muy duro y apenas lograron dormir. A las seis de la mañana Ricardo y José Ramón ya estaban de nuevo sobre sus bicis. El calor empezó pronto a machacar sus jóvenes cuerpos, pero lo tenían todo muy bien organizado y cada dos horas paraban y tomaban unas cucharadas de azúcar. De algo servían las informaciones del Tour de Francia, en las que cada día se explicaba la necesidad de glucosa que tienen los ciclistas. En esa jornada sólo lograron llegar hasta Tórtoles de Esgueba y no tuvieron más remedio que dormir al aire libre en

Los hermanos están ahora muy arrepentidos y han prometido a su abuela que jamás volverán a hacerlo.

una huerta cercana al pueblo. El mar, poco a poco, estaba cada vez más cerca.

La etapa del día siguiente se presentaba difícil. Después de almorzar en Aranda de Duero tendrían que escalar el puerto de Somosierra y además con el sol de cara. Aumentaron la frecuencia de las paradas a tomar azúcar y, después de reparar una avería en Boceguillas que se les llevó dos de las seis mil pesetas que tenían, enfilaron Somosierra.

A pesar de ir por una carretera nacional, la Guardia Civil no se fijó en los chavales. Sólo uno se acercó a ellos para indicarles que conservaran la derecha. Esa noche durmieron en Buitrago, al lado de la presa, y allí se quedaron hasta el mediodía siguiente bañándose y comiendo al fresco. Pero había que continuar, había que llegar a la playa.

Esa tarde consiguieron llegar a Alcobendas. Ellos no lo sabían, pero su aventura estaba a punto de finalizar.

Se quedaron sin bicicletas

Durmieron junto al hipermercado Continente y, cuando a la mañana siguiente se acercaron a comprar una barra de pan, escondieron sus bicicletas y mochilas entre unas malezas. Fue su único error. Al regresar descubrieron que les habían robado las bicicletas y las mochilas con todo el dinero. Su viaje había terminado.

Al poco rato un policía les descubrió sentados en el suelo y se interesó por ellos. No valía la pena mentir. Estaba claro que deberían regresar a los estudios. Su abuela **Fausti**, que había pasado unos angustiosos días desde la desaparición de los chicos, vino a buscarles desde Valladolid. Los encontró delgadísimos y con las huellas del sol en su rostro. Ahora, Ricardo y José Ramón se muestran arrepentidos: *"Lo que de verdad sentimos es el disgusto que hemos dado a mi abuela y a mi madre. Ellas están haciendo todo por nosotros y no se merecen nuestras travesuras".*

Yolanda Medina

Ricardo estudiaba en la cocina y José Ramón en el dormitorio, cuando lo decidieron: ''¡Basta, queremos ir al mar!''.

vocabulary B

testigo (*m/f*)	witness
accidente (*m*) de circulación	traffic accident
turismo	saloon car
ciclomotor (*m*)	moped
madrugada	early hours of the morning
cruce (*m*)	road junction
semáforo	traffic lights
tener lugar	to take place
matrícula	registration number
camión (*m*)	lorry
herido	injured person
choque (*m*)	crash
desaparecer	to disappear
pérdida de memoria	loss of memory
regreso	return
paradero	whereabouts
guerra	war
pista	clue
coleta	pony tail
nieto/a	grandson/daughter
matrimonio	married couple
rastro	trace
rechazar	reject/refuse
supervivencia	survival
ausencia	absence
calzar	to wear on your feet
mochila	rucksack
en cuadrilla	in groups
footing (*m*)	jogging
cañón	canyon, gorge
mina	a mine
aburrido/a	bored
harto/a	fed up
saco de dormir	sleeping-bag
lata	tin can
cantimplora	water bottle/flask
miel (*f*)	honey
hucha	money box (savings)
cucharada	spoonful
azúcar (*m*)	sugar
huerta	orchard
almorzar	to have a mid-morning snack
avería	breakdown
chaval (*m*)	youth, young boy
presa	dam
mentir	to lie

 C i**

Read the following mystery story and recount the story in groups of 3 or 4.

1 Who is the murderer?

2 What is the clue?

ENIGMA POLICIACO

Ben Acherston contemplaba ensimismado en su silla de ruedas las verticales columnas de humo que salían de las altas chimeneas de sus fábricas. Le había costado más de treinta años llevar aquel imperio y ahora que podía disfrutar absolutamente de todo se veía impedido en su silla. Por eso su única distracción consistía en vigilar sus fábricas desde el jardín de su casa, a menos de 800 metros de allí. Su invalidez le había convertido en un hombre duro y de mal carácter; por esta razón era odiado por todos los que convivían con él en la casa. En esto pensaba, con su mirada perdida en sus chimeneas, cuando ocurrió el accidente: una pesada maceta de uno de los balcones del piso superior se precipitaría al vacío, alcanzándole de lleno y produciéndole la muerte en el acto.

La señorita Colbert, ama de llaves de la casa, declaró después a la policía que se había asomado a una de las ventanas porque se había levantado un fortísimo viento y observó las macetas en las repisas de los balcones que eran batidas con furia por el aire, pero eran bastante pesadas y no consideró la posibilidad de que pudiera caer una y herir al dueño de la casa, que se encontraba abajo, como realmente ocurrió.

También declaró Rose Acherston, hermana de Ben. Afirmó que se encontraba en su habitación y que salió al corredor para hacer un encargo a una de las doncellas. Al pasar por los ventanales de los balcones escuchó la voz de su hermano que daba órdenes a grandes gritos, por lo que supo que estaba en el jardín; poco después volvió a su habitación a vestirse para salir a la calle, y antes de bajar subieron a avisarla de lo que había ocurrido.

Micke Acherston, hijo mayor de la víctima. Según dijo, había pasado toda la mañana en su despacho particular, en la casa, y cuando se dispuso a salir fue cuando escuchó los gritos de terror del servicio. Unos diez minutos antes había oído un golpe sordo que provenía del jardín, pero no le había dado ninguna importancia.

Aquello no había sido un accidente. Alguien había empujado la maceta. Sin embargo, hay un detalle que indica quién había mentido.

 C ii**

On page 116 you will find an article from a magazine about 'modern highwaymen' ('bandoleros'). First answer the questions and then complete the chart for the three victims of the attacks.

1 Describe how they carry out their raids?

2 Who are they? Describe them.

3 Why is it difficult to catch them?

Bandoleros modernos

LOS salteadores de caminos han vuelto a aparecer en España. Al menos así está ocurriendo en la zona norte de la provincia de Cáceres, donde tienen amedrentadas a cuantas personas de la comarca se ven obligadas a viajar. El veloz y potente automóvil que hoy utiliza el viajero y las carreteras asfaltadas no evitan los atracos. En cualquier momento puede aparecer la banda de atracadores y hacer que el conductor pare. Pero sobre todo el peligro acecha al viajero en los cruces, cuando se ve obligado a hacer *stop,* o cuando descansa de su largo caminar aparcado junto a la carretera.

Generalmente la banda está compuesta por tres individuos, sin que se descarte la posibilidad de que un cuarto atracador se ocupara de conducir el coche para la huida. Los salteadores, según la versión del comisario jefe provincial del Cuerpo Nacional de Policía, **Juan Núñez,** son jóvenes bastante corpulentos, que visten cazadora de cuero, a veces con la cara tapada y con acento vasco.

El primer caso o atraco ocurrió sobre las dos y media de la madrugada del pasado día 3 de agosto, en el lugar conocido por el cruce de Coria, en donde la carretera comarcal 526 (puente de Guadancil-Ciudad Rodrigo) se une con la nacional 630, en el término municipal de Cañaveral. Un joven de Coria, **Antonio Martín,** que viajaba en el vehículo de su propiedad, al hacer el *stop*

se vio sorprendido por cuatro individuos armados con pistolas de pequeño tamaño que rodearon el coche.

Los atracadores le hicieron descender del auto y le golpearon con la culata de una pistola. Después le amordazaron con un pañuelo y le maniataron, apoderándose de 12.000 pesetas que llevaba, el documento nacional de identidad, una cartilla de la Caja de Ahorros de Cáceres, un talonario de cheques y una bolsa de deportes con varias prendas de vestir.

Acento vasco

Los autores del atraco eran altos y fuertes, excepto uno de mediana estatura. Todos vestían chaqueta de cuero negro, iban encapuchados y su acento, según declaró el atracado en comisaría, era vasco.

El mismo día, el súbdito francés **Ferrer Boyer** se presentó en el cuartel de la Guardia Civil de Cañaveral para denunciar que sobre las seis de la madrugada, cuando se hallaba durmiendo en el interior de su vehículo, aparcado en el kilómetro 178 de la carretera nacional 630, le despertaron tres hombres de 20 a 25 años, a cara descubierta y con unos barrotes de hierro en las manos. Tras amenazarle, le quitaron 7.000 pesetas que llevaba para gastos de urgencia. Los franceses suelen viajar con poco dinero, quizá por precaución frente a robos, y prefieren

utilizar cheques o tarjetas de crédito.

Con metralleta

El día 10 de agosto la banda volvió al escenario de la nacional 630. A la altura del kilómetro 223, en las proximidades de Aldea del Caño, sobre las cinco y media de la madrugada se encontraba parado un vehículo con matrícula francesa en el que descansaba el conductor, **Luis Valladares Román,** y tres acompañantes más, todos vecinos de Duai (Francia), cuando tres individuos acabaron con la tranquilidad de los emigrantes españoles en el país galo. Los atracadores llevaban una metralleta, una pistola y un cuchillo. Obligaron a bajar del coche a todos los ocupantes y les condujeron hasta la finca Las Mayas, donde les ataron de pies y manos y les amordazaron.

Los delincuentes se llevaron una alianza, un anillo, un reloj, una cadena con medalla, todo de oro, dos anillos de plata, dos altavoces, un amplificador y la batería del vehículo. También se llevaron 27.000 pesetas en metálico y 2.400 francos franceses —unas 48.000 pesetas—; el coche fue recuperado en la finca La Cervera, a dos kilómetros del lugar del atraco. Los asaltantes utilizaron guantes en la operación. Las víctimas lo pasaron muy mal hasta liberarse, ya que fueron abandonados en un paraje solitario desde donde no podían pedir socorro.

	Antonio Martín	Ferrer Boyer	Luis Valladares
When			
Where			
How			
Who (description)			
What stolen			

vocabulary C

silla de ruedas	wheelchair
humo	smoke
fábrica	factory
imperio	empire
odiar	to hate
maceta	plant pot
balcón (m)	balcony
precipitarse	to fall
ama de llaves	housekeeper
asomarse	to lean out (of a window)
fortísimo	very strong
dueño	owner
golpe (m)	thudding noise
salteador (m)	raider
veloz	fast
atraco	raid/holdup
atracador (m)	raider/gangster
cruce (m)	junction
huída	getaway
cazadora	leather jacket
rodear	to surround
golpear	to beat
cartilla	card
talonario	cheque-book
prenda	item of clothing
encapuchado	hooded
hierro	steel/iron
amenazar	to threaten
metralleta	machine-gun
cuchillo	knife
atar	to tie (up)
amordazar	to gag
alianza	wedding or engagement ring
anillo	ring
cadena	chain
altavoz (m)	loudspeaker
pedir socorro	to ask for help

 D ¡**

What is the advice given to children by the police in the card shown below?

la policía te aconseja:

- *Rechazar siempre la invitación de desconocidos a subir en su automóvil o acompañarlos con cualquier pretexto.*

- *Si estás solo en casa no abras la puerta a nadie, salvo la segura comprobación de que quien llama es de absoluta confianza.*

- *No facilites datos sobre tus familiares, o tu casa, a personas desconocidas.*

- *Cuidado con los objetos extraños que puedas encontrar abandonados. Pudieran resultar peligrosos.*

 D ii

Below you will see parts of a brochure produced by the Spanish police designed to help tourists to avoid crime.

Before reading the text, decide in pairs, what advice you would give for the following circumstances.

a) Walking alone.

b) Carrying money.

c) Shopping.

d) What you should do if you are attacked.

e) What you should do after the crime.

Now check your advice against that given in the text.

CIRCULE SEGURO POR LA CALLE

- En la medida de lo posible, procure no transitar por lugares solitarios o poco alumbrados.

- Lleve sólo el dinero necesario y distribúyalo en sus bolsillos. Evite llevar el dinero en el bolsillo trasero de su pantalón.

- Cuando vaya de compras, no se distraiga. Observe con atención a las personas próximas a usted y no pierda el contacto con su bolso.

- Gritar, pedir socorro, puede intimidar al asaltante, así como atraer la atención de otras personas.

• Observe las características esenciales de su agresor (edad, estatura, color de pelo, rasgos de su rostro, nacionalidad, acento al hablar, vestimenta, dirección de la huída, vehículo utilizado, número de asaltantes, etc.). Consulte el esquema de identificación fisonómica.

• Después de haberse cometido el delito, si le es posible, avise a la Policía o Guardia Civil y explíqueles todo lo que recuerde.

 E i

Read the following advertisements from the medical section of a magazine, and indicate which would interest you if:

1 you have broken your glasses

2 you need a chemist at night

3 there is something wrong with you but you are not sure exactly what

4 you are overweight

5 a small child has a rash

6 you have toothache

7 you have hurt your knee

8 you need to take someone to hospital in an emergency

vocabulary D

rechazar	reject/refuse
desconocido	person unknown
lugar (m)	place
solitario	lonely/isolated
poco alumbrado	poorly lit
bolsillo trasero	back pocket
distraerse	to distract oneself
gritar	to shout
rasgos de su rostro	facial features
delito	crime

FARMACIAS DE GUARDIA

Para hoy, día 9 de agosto de 1988.

Farmacias de servicio día y noche (De 9,30 horas a 9,30 horas del día siguiente).

Cervantes, 3 (sector paseo Sagasta). Hermigos. 220452.
Conde de la Viñaza, 27 (esq. calle Caspe, barrio Delicios). Alonso. 332646.
Miguel Servet, 69 (esq. calle Minas). Blasco. 413781.

El zodiaco, de la cabeza a los pies

	ASTROLOGIA OCCI.	ENFERMEDADES
ARIES 21-3/20-4	Cabeza	Desórdenes internos y psicosomáticos. Inadaptación, insomnio, caries.
TAURO 21-4/20-5	Cuello	Vientre, garganta y nariz. Excesos alimenticios y perturbaciones psicológicas.
GEMINIS 21-5/21-6	Tórax y miembros superiores	Enfermedades nerviosas. Heridas en extremidades, tos y problemas de oídos.
CANCER 22-6/23-7	Pecho y estómago	Afecciones digestivas, úlceras, resfriados y problemas de dentadura. Desequilibrios neurovegetativos.
LEO 24-7/24-8	Corazón	Desfallecimientos, jaquecas, insomnio, problemas de corazón, espalda y ojos.
VIRGO 25-8/23-9	Vientre e intestino	Trastornos nerviosos y molestias nerviosas en el aparato digestivo. Sugestiones ante las enfermedades.
LIBRA 24-9/23-10	Riñones	Depresiones nerviosas y jaquecas. Enfermedades de órganos internos y piel.
ESCORPIO 24-10/22-11	Sexo	Deformaciones, problemas de abdomen y trastornos de los órganos sexuales.
SAGITARIO 23-11/22-12	Muslos	Reumatismo, accidentes, fracturas y enfermedades de la nariz y la sangre. Obesidad.
CAPRICORNIO 23-12/20-1	Esqueleto y rodillas	Reumatismo, huesos frágiles y catarros. Melancolía.
ACUARIO 21-1/19-2	Piernas	Torceduras, esguinces y tortícolis. Vista débil y enfermedades nerviosas.
PISCIS 20-2/20-3	Pies	Enfermedades crónicas, ambientales y sociales, con consecuencias nerviosas (insomnio, angustia, etc.)

E **ii**

This chart shows the parts of the body most influenced by the various signs of the zodiac. Copy the picture of the human body and indicate the appropriate sign of the zodiac for each part of the body.

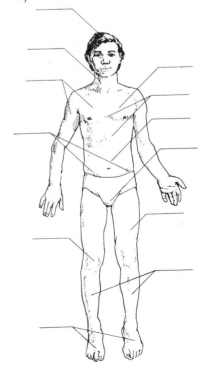

E iii

Now look at the right-hand column in the zodiac chart (Enfermedades) showing the most typical health problems for each sign.

Which sign(s) are easily affected by the following?

1 Throat disorders and colds

2 Ear infections

3 Stomach and digestive problems

4 Dental problems

5 Nervous disorders

6 Nose

7 Back

 F i**

Below are some instructions for a widely used Spanish medication. 'Mercromina'. Read the instructions and answer these questions.

1 What must you do before applying 'Mercromina'?

2 What other uses does it have?

vocabulary E

óptica	optician
obesidad (f)	obesity
pediatría	paediatrics
rodilla	knee
cabeza	head
cuello	neck
pecho	chest
estómago	stomach
corazón (m)	heart
vientre (m)	lower abdomen
riñones (m)	kidneys
muslo	thigh
pierna	leg
pie (m)	foot
caries (f)	dental decay
garganta	throat
nariz (f)	nose
tos (f)	cough
oído	ear
(estoy) resfriado	(I have) a cold
jaqueca	migraine
espalda	back
ojo	eye
piel (f)	skin
hueso	bone
débil	weak
torcedura	twist (ankle)
esguince (m)	sprain

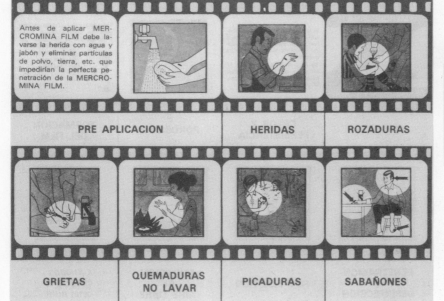

Antes de aplicar MER-CROMINA FILM debe lavarse la herida con agua y jabón y eliminar partículas de polvo, tierra, etc. que impedirían la perfecta penetración de la MERCRO-MINA FILM.

PRE APLICACION   HERIDAS   ROZADURAS

GRIETAS   QUEMADURAS NO LAVAR   PICADURAS   SABAÑONES

vocabulary F

herida	injury (cut)
rozadura	graze
grieta	crack in skin
picadura	sting
sabañón (m)	chilblain

G ¡**

Below is an advertisement for body-building courses.

Put the number from each of the descriptions on page 122 in the appropriate box of the advertisement.

FISICO

Cualquiera que sea su edad, profesión y lugar de residencia. Indique con una ⊠ sus aspiraciones físicas. Será ampliamente informado, recibiendo GRATIS **CATALOGO INFORMATIVO.**

¿ADELGAZAR? ¿ENGORDAR? ¿CRECER? ¿Cuál es su problema? Por favor, escríbame, déjeme demostrarle con hechos lo que puedo hacer por Ud. Le GARANTIZO en breves semanas UN MEJORAMIENTO FISICO.

GIMNASIA INDIVIDUAL PROGRAMADA

DESEO INFORMACION GRATIS MASCULINA

- ☐ Engordar
- ☐ Crecer
- ☐ Adelgazar
- ☐ Piernas resistentes
- ☐ Anchas espaldas
- ☐ Hombros robustos
- ☐ Tórax bien formado
- ☐ Eliminación de las grasas superfluas, del vientre
- ☐ Mejorar su estado físico en general
- ☐ Desarrollo muscular en general
- ☐ Cintura estrecha proporcionada

DESEO INFORMACION GRATIS FEMENINA

- ☐ Crecer
- ☐ Vientre liso
- ☐ Adelgazamiento
- ☐ Busto seductor
- ☐ Silueta elegante
- ☐ Caderas armoniosas
- ☐ Cintura estrecha
- ☐ Brazos bien torneados
- ☐ Bellos hombros
- ☐ Cuello de cisne
- ☐ Carnes apretadas
- ☐ Vigor físico y mental
- ☐ Cuerpo esbelto
- ☐ Piernas bien formadas

15 MINUTOS DIARIOS

Desde su propio hogar o lugar de residencia. NO LE PREOCUPE LA EDAD. JOVEN O MAYOR. Su problema puede tener solución. Somos un centro especializado desde hace muchos años. Compruébelo sin compromiso.

Si vives en BARCELONA disponemos de GIMNASIO con SAUNA, FRONTON, GIMNASIA CORRECTIVA, CULTURISMO, KARATE, JUDO, SOLARIUM, TENIS MESA y CLUB SOCIAL. Información llamar al

241 92 60.

CON SOLO UNOS MINUTOS DIARIOS Y EN BREVES SEMANAS CONSEGUIRA... más Fuerza, más Agilidad, más Energía, más Resistencia más Confianza, más Optimismo. Tenga la seguridad de que a través de mis métodos de gimnasia programada será usted físicamente mejorado desde cualesquiera que sea su lugar de residencia.

Centro Autorizado Ministerio Educación Asesor Médico

SOLICITE CATALOGO INFORMATIVO GRATIS

MANUEL RILLOS envíeme SIN COMPROMISO el CATALOGO informativo de sus METODOS para ver si son de mi interés.

Nombre .... Edad ....
Calle ....
Número .... piso .... puerta ....
Localidad ....
Código postal .... Provincia ....
En sellos de correos adjunta franqueo respuesta. Gracias.   SP-243

SI NO DESEA ROMPER LA REVISTA, ESCRIBA A:

GIMNASIO SANSON–Apartado Correos 22 Código Postal 08080 Barcelona

1 For men to develop their muscles

2 Women—legs

3 Men—legs

4 For men to get fitter

5 For women to slim the waist

6 For women to grow

7 For men to develop a wide back

8 For women to develop their shoulders

9 For men to put on weight

10 For women to develop a swan-like neck

Now indicate those which are the same for both men and women.

 G ii

1 How much does the information booklet cost?

2 How often do you have to do these exercises and for how long?

3 If you live in Barcelona list six facilities you will find.

4 Where do you have to write to in order to receive the information?

 G iii**

Read the newspaper article below about Rolly McCintyre and complete the following information:

1 Nationality

2 Age

3 Measurements before beginning the diet

4 Reasons for his obesity

5 Everyday problems: clothes, bed, car

6 What made him continue with his diet?

7 How long did it take him to lose 177 kgs?

8 What two things gave him great satisfaction after losing so much weight?

El hombre que adelgazó 177 kilos

EL drama del hombre superdotado de apetito y con una sed de siglos incapaz de saciar, que ve cómo su cuerpo aumenta progresiva e imparablemente de volumen hasta transformarse en una mole de carne de 262 kilos de peso, lo ha vivido con una agobiante intensidad el irlandés Rolly McCintyre, de 30 años. Es un excepcional caso de gordo impenitente, y también en la lucha para volver a recuperar su condición de hombre normal con libertad de acción para desenvolverse en la vida.

Rolly era un ejemplo típico de gula, de apetito voraz que nunca lograba satisfacer. Comía de todo en cantidades masivas y cada jornada bebía 15 litros de cerveza. Todos los días aumentaba de peso y de volumen, hasta el punto de que semanalmente se veía obligado a cambiar de ropa, a buscar nuevos trajes a la medida capaces de albergar su enorme cuerpo Su cintura llegó a alcanzar un perímetro de 2,75 metros, siempre con tendencia a subir.

Cuando llegó a pesar 262 kilos su situación se hizo angustiosa. Dormía en una cama reforzada con vigas de hierro y conducía un automóvil especial en el que iba sentado en el asiento de atrás y el volante llegaba hasta él por medio de una barra de casi metro y medio de longitud.

Entonces fue cuando comenzaron a acuciarle problemas económicos, sentimentales y físicos. Su inquietud aumentó en el momento que los médicos le dijeron que si continuaba engordando tenía muy pocos años de vida.

El miedo a morir fue lo que le decidió a someterse a un plan médico de adelgazamiento. Sólo podía comer, y no en cantidad, filetes asados, ensalada y fruta, y prescindir de toda clase de bebida, singularmente de la cerveza.

vocabulary G

engordar	to put on weight
crecer	to grow
adelgazar	to lose weight/to slim
ancho	wide/broad
hombro	shoulder
torax (m)	thorax
desarrollo	development
cintura	waist
estrecho	narrow/slim
cadera	hip
cuerpo esbelto	slim body
sed (f)	thirst
gordo	fat
lucha	fight/struggle
traje (m)	suit
vigas de hierro	iron bars
volante (m)	steering-wheel
engordar	to put on weight
miedo	fear
tener miedo	to be frightened
prescindir	to do without
báscula	weighing scales

Aterrorizado, el irlandés siguió el régimen con todo rigor, en un alarde de voluntad que llegó a sorprenderle. Cuando sólo pesó 127 kilos tuvo la gran felicidad de que, por primera vez en su vida, una mujer se acercara a él con afecto y simpatía. El amor que inmediatamente sintió por ella le dio nuevos ánimos para seguir el régimen.

Al cabo de año y medio, Rolly McCintyre halló la suprema felicidad de comprobar en la báscula, su juez implacable, que ya sólo pesaba 85 kilos. Se había quitado limpiamente 177. Algo asombroso. Sencillamente, había batido el récord mundial de adelgazamiento, sin que éste fuera su objeto, y pasaba a incorporarse con todos los honores al libro «Guinness». Y para conmemorar la gloriosa efemérides decidió contraer matrimonio con la bella y dulce Etelvina, la única mujer de su vida. Después de la ceremonia nupcial, la novia declaró alborozada que era completamente feliz porque ya podía rodear con los brazos a su amado, como cualquier mujer normal.

  H ¡**

The text opposite advises you how to get and keep a good sun tan safely.

1 What two pieces of advice are given in order to avoid burns and to maintain your tan?

2 What recommendations are made about food and why?

3 What happens to your skin if you sunbathe too much?

vocabulary H

tomar el sol	to sunbathe
quemadura	burn
evitar	to avoid
imprescindible	essential

MANTENER EL BRONCEADO

Indicaciones: cualquier persona puede seguirla sin peligro.
Duración: durante toda la época estival.
Método: no podemos tomar el sol de golpe, sino de una forma progresiva. Es imprescindible, después de cada veinte minutos de exposición, tomar una ducha de agua fría para provocar con los cambios bruscos de temperatura una gimnasia vascular.

Este estímulo térmico evitará las quemaduras y hará más persistente el bronceado.

Una abundante ingestión de carótenos ricos en vitamina A, como la zanahoria y otros vegetales pigmentados (col, lombarda y la remolacha roja) resultan imprescindibles. Hay que incluir, al menos, uno de ellos en cada una de nuestras comidas. Podemos tomar media hora antes del almuerzo un vaso de zumo de zanahorias, con remolacha roja y media manzana.

Una última recomendación: un bronceado saludable es siempre positivo, pero —nunca hay que cansarse de repetirlo— el sol tiene sus efectos negativos. Tomado en exceso produce sequedad en la piel y hace que pierda elasticidad. De nada servirán las mejores curas naturales si no atendemos a este dato.

D. Muntané
Asesor: Dr. Miquel Pros (especialista en Medicina natural)